장로 · 전도사 · 신학후보생

종합고시 문제집

대한예수교장로회총회교육자원부 편

| 머리말 |

본「종합고시 문제집」은 교회의 직제 훈련의 필요성에 의해 제작되었다. 그동안 각 노회와 지교회에서는 기존에 있던 교재를 가지고 교회의 직제 훈련에 사용하여 왔다. 그러나 헌법의 개정과 사회적 변화에 발맞추어 새로운 교재의 필요성이 대두됨에 따라 금번에 새로 발간하기에 이르렀다.

한 교회의 신앙을 담아내는 질적인 수준들은 그 교회를 구성하는 구성원들의 신앙의 품성과 훈련에 의해 큰 영향을 받는다. 특히 항존직은 한 번 세우게 되면 번복하기 어렵고, 이들을 지속적으로 교육시키고, 훈련하여 교회의 중직으로 세우는 일은 참으로 중요한 일이다.

아무쪼록 본「종합고시 문제집」이 일꾼들을 바르게 세워 하나님 나라를 확장시켜 나가는 데 귀하게 사용되기를 바란다.

특별히 본「종합고시 문제집」을 위해 집필해 주신 여러 집필자들, 기획과 편집을 위해 수고하고 애써 주신 총회교육자원부의 이은미 실장, 출판을 위해 수고하신 한국장로교출판사 사장 박창원 장로와 직원 여러분께도 감사드린다.

2022년 4월
대한예수교장로회총회교육자원부
총무 **김명옥**

차례

머리말 / 3

I. 성경

1. 구약성경 문제 · 주관식 / 9
2. 구약성경 문제 · 객관식 / 42
3. 신약성경 문제 · 주관식 / 74
4. 신약성경 문제 · 객관식 / 97

II. 헌법

1. 신조 문제 / 121
2. 요리문답 문제 / 126
3. 정치 문제 / 137
4. 권징 문제 / 149
5. 예배와 예식 문제 / 150

III. 해답

성경
1. 구약성경 문제 · 주관식 / 157
2. 구약성경 문제 · 객관식 / 166
3. 신약성경 문제 · 주관식 / 169
4. 신약성경 문제 · 객관식 / 177

헌법
1. 신조 문제 / 180
2. 요리문답 문제 / 181
3. 정치 문제 / 184
4. 권징 문제 / 187
5. 예배와 예식 문제 / 188

종합고시 문제집 제Ⅰ장

성 경

1. 구약성경 문제・주관식 / 9

2. 구약성경 문제・객관식 / 42

3. 신약성경 문제・주관식 / 74

4. 신약성경 문제・객관식 / 97

1_
구약성경 문제 | 주관식

1. 구약을 구분하세요.

2. 창조의 순서를 쓰세요.

3. 하나님께서 일곱째 날에 무엇을 하셨습니까?(창 2:1-3)

4. 에덴의 서편을 흐르는 기혼 강은 어느 지방으로 흘러갔습니까?(창 2장)

5. 하나님께서 남자와 여자를 창조하시고 그들에게 복을 주시며 이르신 5가지 명령을 적으세요.
   ①   ②   ③
   ④   ⑤

6. 하나님이 사람에게 처음 주신 명령은 무엇입니까?(창 1:28)

7. 아담과 하와가 처음 범한 죄가 무엇입니까?

8. 가인이 도피하여 거한 땅은 어디입니까?(창 4 : 16)

9. 창세기 3장에서 메시아에 대한 최초의 언급이 기록된 곳으로 볼 수 있는 구절은 어디입니까?

10. 최초의 살인자와 피살자는 누구입니까?(창 4 : 8)
    ① 살인자 :   ② 피살자 :

11. 아담의 계보에서 라멕의 아버지와 아들의 이름은 무엇입니까?(창 5장)

12. 구약에서 제일 장수한 사람은 누구입니까?

13. 창세기 4장에 언급된 가인의 자손 중에 두 아내를 맞이한 사람은 누구입니까?(창 4 : 19)

14. 여호와의 이름을 최초로 부른 때는 언제입니까?(창 4 : 26)

15. 노아의 아들들의 이름을 쓰세요(창 5 : 32).

16. 노아는 방주를 몇 층으로 지었습니까? 또 방주의 재료는 무슨 나무입니까?(창 6 : 14 - 16)

17. 노아가 몇 세 때 홍수가 시작되었습니까?(창 7 : 6)

18. 홍수 때 구원 얻은 사람은 누구며, 그의 가족은 몇 명이었습니까?(창 7 : 13)

19. 노아의 홍수 때 비가 그친 후 노아가 방주에서 제일 처음 내놓은 동물은 무엇입니까?(창 8 : 7)

20. 가나안 종족의 선조는 누구입니까?(창 9 : 18)

21. 오늘날 노아의 방주 역할을 형상화한 것은 무엇입니까?

22. 노아와 하나님의 계약은 무엇으로 증거되었습니까?(창 9 : 13)

23. 야곱의 가족이 애굽으로 와서 요셉을 만난 후, 바로에게 자신을 소개할 때 요셉이 일러준 그들의 직업은 무엇입니까?(창 46 : 33-34)

24. 데라가 죽은 곳은 어디입니까?(창 11 : 32)

25. 창세기에서 믿는 모든 자의 조상이 된 사람은 누구입니까?(창 12 : 1-5, 롬 4 : 11)

26. 가축을 치는 자의 조상은 누구입니까?(창 4 : 20)

27. 세상의 첫 용사로서 여호와 앞에 용감한 사냥꾼이 된 사람은 누구입니까?(창 10 : 8-9)

28. 가인의 자손 중 구리와 쇠로 여러 가지 기구를 만든 사람은 누구입니까?(창 4 : 22)

29. 하나님이 아브라함을 처음 축복하신 부분은 창세기 몇 장 몇 절입니까?

30. 다음에 서로 관계되는 것끼리 줄로 연결하세요.
    ① 시날평지 •   • ㉠ 나홀의 아버지
    ② 데   라 •   • ㉡ 사래의 남편
    ③ 하   란 •   • ㉢ 바벨탑
    ④   롯   •   • ㉣ 아브람의 조카
    ⑤ 아 브 람 •   • ㉤ 롯의 아버지

31. 아브라함이 여호와를 위해 단을 쌓은 곳은 어디입니까?(창 13 : 18)

32. 아브라함이 조카 롯을 구할 때 데리고 간 사람 수는 몇 명입니까? (창 14 : 14)

33. 아브라함이 소돔의 멸망을 막기 위하여 성 중의 의인수를 얼마까지 간구하였습니까? 차례로 적으세요(창 18 : 24 - 32).

34. 아브라함이 그돌라오멜 등을 격파하고 돌아올 때 영접한 살렘 왕은 누구며, 아브라함은 대적의 손에서 얻은 것의 얼마를 그에게 바쳤습니까?(창 14 : 18, 20)

35. 여호와께서 아브라함의 의로 여기신 것은 무엇입니까?(창 15 : 6)

36. 이삭이 낳은 두 아들의 이름은 무엇입니까?(창 25 : 25 - 26)

37. 브헬라해로이란 말은 "나를 살피시는 살아 계신 이의 우물"이란 의미입니다. 누가 말했습니까?(창 16 : 13 - 14)

38. 야곱의 열두 아들 중 형제의 찬송이 되고, 통치자의 지팡이가 떠나지 않는다는 축복을 받은 자는 누구입니까?(창 49 : 8 - 12)

39. 야곱의 새 이름은 무엇입니까?(창 32 : 28)

40. 아브라함이 할례를 행한 때는 언제입니까?(창 17 : 24)

41. 야곱의 가족(후손)을 애굽으로 들인 사람과 애굽에서 나오게 한 사람은 누구입니까?(창 45 : 5-10, 출 3 : 10)
　① 들인 사람 :　　　　② 나오게 한 사람 :

42. '할례'는 무엇입니까?(창 17 : 10 -11)

43. '여호와 이레'의 뜻은 무엇입니까?(창 22 : 14)

44. 하갈의 아들은 누구이며, 당시 아브람의 나이는 몇 살이었습니까?(창 16 : 15 -16)

45. 롯이 소돔과 고모라의 멸망 때 피해 들어간 곳은 어디입니까?(창 19 : 22)

46. 암몬 족속의 조상의 이름은 무엇입니까?(창 19 : 38)

47. 아브라함 당시 그랄 왕은 누구입니까?(창 20 : 2)

48. 사라의 수치를 풀게 한 대가는 무엇입니까?(창 20 : 16)

49. 아브라함이 언약의 아들을 낳았는데 그 이름은 무엇이며, 아브라함이 몇 살 때였습니까?(창 21장)

50. 아브라함은 언제 별세했습니까?(창 25 : 7)

51. 사라가 장사된 막벨라 굴은 어느 족속에게 산 것입니까?(창 25 : 10)

52. 하나님께서 아브람과 사래의 이름을 어떻게 바꾸셨습니까?(창 17 : 5, 15-16).

53. 리브가를 이삭의 아내로 맞기 위해 보낸 아브라함의 종은 누구입니까?(창 24 : 2-10)

54. 아브라함의 종이 리브가를 만난 곳은 어느 성의 우물입니까?(창 24 : 10)

55. 리브가 아버지의 이름은 무엇입니까?(창 24 : 15)

56. 에서의 별명은 무엇입니까?(창 25 : 30)

57. 이삭이 그랄에 거주할 당시 블레셋의 왕은 누구입니까?(창 26 : 8)

58. "내가 내 지팡이만 가지고 이 요단을 건넜더니 지금은 두 떼나 이루었나이다" 이 말은 누가 한 말입니까?(창 32 : 10)

59. 야곱이 벧엘에서 하나님께 서원한 내용이 기록된 곳은 어디입니까?

60. 야곱이 형 에서를 피하여 브엘세바에서 하란으로 향하여 가던 중, 베개로 삼았던 돌을 가져다가 기둥을 세운 곳의 이름은 무엇입니까?(창 28 : 18-19)

61. 야곱이 하나님께 서원한 벧엘의 옛 이름은 무엇입니까?(창 28 : 19-22)

62. 야곱이 애굽으로 요셉에게 내려갈 때 나이는 몇 살이었습니까? (창 47 : 28)

63. 레아의 여종은 (   )이고, 라헬의 여종은 (   )입니다(창 29 : 21-30).

64. 야곱의 딸 (   )는 (   )가 낳았고, 요셉은 (   )이 낳은 야곱의 아들입니다(창 30장).

65. 라헬의 여종 빌하가 잉태하여 아들을 낳아 라헬이 "하나님이 내 억울함을 푸셨다"고 한 그 아들의 이름은 무엇입니까?(창 30 : 6)

66. 야곱이 고향을 향할 때 라헬이 그의 아버지의 것을 도둑질한 것은 무엇입니까?(창 31 : 19)

67. 길르앗 산에서 야곱이 라반과 계약을 맺으며 돌을 가져다 무더기를 이룬 것을 증거 삼아 일컫는 말 세 가지는 무엇입니까?(창 31 : 47-49)

68. 야곱이 얍복 나루를 건너 천사와 씨름하다가 허벅지 관절을 다친 곳의 이름을 무엇이라고 하였습니까?(창 32 : 30)

69. 야곱이 라반을 떠나 돌아온 후 세겜 성읍에 이르러 장막을 치고 제단을 쌓고 그 이름을 무엇이라고 했습니까?(창 33 : 18-20)

70. 야곱의 아내와 아들들을 써 보세요.
    ① 아내 :
    ② 아들들 :

71. 디나는 (   )가 낳은 야곱의 딸인데 (   )의 아들 그 땅 추장 (   )에게 욕을 당했을 때, 잔인한 복수를 한 것은 그의 오라비 (   )과 (   )였습니다(창 34장).

72. 야곱이 가족을 이끌고 벧엘로 올라가면서 세겜 근처 상수리나무 아래 묻은 것들은 무엇입니까?(창 35 : 4)

73. 르우벤은 아비의 첩과 통간하여 이스라엘의 부끄러움이 되었습니다. 첩의 이름은 무엇입니까?(창 35 : 22)

74. 유다가 며느리 다말에게서 얻은 쌍둥이의 이름은 무엇입니까?(창 38 : 29 - 30)

75. 요셉을 죽이려 할 때 그에게 손을 대지 말고 팔자고 한 형제는 누구입니까?(창 37 : 26 - 27)

76. 요셉의 두 아들의 이름은 무엇입니까?(창 48 : 1)

77. 유다는 아들을 위해 며느리 다말을 데려왔습니다. 그 아들은 누구입니까?(창 38 : 6)

78. 요셉이 갇혀 있는 옥에 들어온 왕의 두 관원장은 각각 왕의 어떤 일을 맡아 하던 자들입니까?(창 40장)

79. 요셉이 해몽한 대로 사흘 후에 전직을 회복한 사람은 누구입니까?(창 40장)

80. 바로 왕의 꿈은 무엇입니까?(창 41 : 1 - 8)
    ①   ②

81. 바로가 지어 준 요셉 총리의 새 이름은 무엇입니까?(창 41 : 45)

82. 바로에 의하여 결혼한 요셉의 아내는 누구입니까?(창 41 : 45)

83. 요셉이 베냐민의 자루에 양식과 돈 외에 특별히 더 넣은 것은 무엇입니까?(창 44 : 2)

84. 애굽에서 야곱의 집안이 거한 곳은 어디입니까?(창 47 : 4, 11)

85. 이스라엘이 요셉의 두 아들을 축복할 때 오른손과 왼손을 누구의 머리에 각각 얹었습니까?(창 48장)
① 오른손 :   ② 왼손 :

86. 서로 관계되는 것끼리 줄로 연결하세요(창 37장).
① 첫째 꿈   •   • ㉠ 해, 달, 열한 별
② 둘째 꿈   •   • ㉡ 곡식단이 절함.
③ 이스마엘 사람 •   • ㉢ 바로의 친위대장
④ 보디발   •   • ㉣ 요셉을 데려감.
⑤ 유다   •   • ㉤ 요셉을 죽이려는 것을 말림.

87. 다음 서로 관계되는 것끼리 줄로 연결하세요.
① 르우엘   •   • ㉠ 모세가 망명한 곳
② 모세의 아내   •   • ㉡ 모세의 장인
③ 모세 망명 때 나이 •   • ㉢ 십보라
④ 아므람   •   • ㉣ 40세
⑤ 바로의 딸   •   • ㉤ 모세의 아버지
⑥ 모세의 어머니   •   • ㉥ 모세의 이름 지은 이
⑦ 미디안   •   • ㉦ 요게벳

88. 모세가 태어난 후 애굽으로 돌아와 바로 앞에 서기까지의 여정을 순서대로 쓰세요(출 2 - 5장).
    ①
    ②
    ③
    ④

89. 모세가 하나님께로 부름을 받은 곳은 어느 산입니까?(출 3 : 1 - 5)

90. 바로에게 나아가기를 자신 없어 하는 모세에게 하나님이 보여 주신 두 가지 표적은 무엇입니까?(출 4장)
    ①
    ②

91. 유월절 양은 신약에서 무엇을 의미합니까?(고전 5 : 7)

92. 모세가 바로 앞에 내린 열 가지 재앙을 써 보세요.

93. "이는 하나님의 권능이니이다"(출 8 : 19) 이 말은 ① 누가 ② 누구에게 ③ 무슨 재앙을 당해서 한 것입니까?
    ①   ②   ③

94. 유월절의 유래와 기간을 써 보세요(출 13 : 3 - 10).
    ① 유래 :
    ② 기간 :

95. 모세가 애굽으로 돌아가다 죽게 되었을 때, 십보라가 그의 아들의 포피를 벤 후 모세에게 일컬어 한 말은 무엇입니까?(출 4 : 24 - 25)

96. 이스라엘 백성이 애굽에 거주한 기간은 얼마입니까?(출 12 : 40)

97. 애굽에서 나온 이스라엘 백성은 유아 외에 장정만 몇 명가량입니까?(출 12 : 37)

98. 이스라엘 백성이 출애굽한 후에 에담에서 그들을 보호하고 인도하는 특별한 표적이 나타났습니다. 무슨 표적입니까?(출 13 : 20 - 22)

99. 하나님이 광야에서 이스라엘 백성에게 내려 먹이신 것은 무엇입니까?(출 16 : 8)
　① 아침 :　　　　　　　② 저녁 :

100. 르비딤에서 있었던 두 가지 사건은 무엇입니까?(출 17장)
　①
　②

101. 모세의 두 아들의 이름을 적고 각각 그 뜻을 쓰세요(출 18 : 3 - 4).
　①
　②

102. 모세의 장인 이드로가 모세에게 충고하여 세운 사람들의 직책은 무엇입니까?(출 18 : 19 - 26)

103. 십계명은 어디에서 누가 받았습니까?

104. '여호와 닛시'의 의미는 무엇입니까?(출 17 : 8 - 15)

105. 이스라엘의 3대 명절을 쓰고 설명하세요(출 23 : 14-17, 34 : 18-24).
   ①
   ②
   ③

106. 이스라엘의 왕성을 막으려 애굽 왕이 사용한 방법을 성경에 나온 순서대로 번호를 적으세요(출 1장).
   (　) 출생한 남아를 강물에 던지게 함.
   (　) 산파로 남아를 죽게 함.
   (　) 감독을 세워 고된 노동을 시킴.

107. 제사장이 되려면 어느 지파의 자손이어야 되며, 대제사장은 누구의 자손이어야 됩니까?(출 4 : 14, 28장)

108. 지성소에는 누가 일 년에 몇 번 들어가며, 그날은 언제입니까? (레 16장)

109. 레위기의 5대 제사를 쓰고 간단히 설명하세요(레 1-5장).
   ①
   ②
   ③
   ④
   ⑤

110. 속건제의 제물은 무엇으로 드려야 합니까?(레 5 : 14-19)

111. 아론은 두 염소를 회막 문 여호와 앞에 두고 두 염소를 위하여 제비를 뽑되 각각 누구를 위하여 해야 합니까?(레 16 : 8)

112. 안식년과 희년이란 무엇입니까?(레 25장)
    ① 안식년 :
    ② 희년 :

113. 아론의 아들 중 다른 불을 드리다가 죽은 아들은 누구입니까?(레 10장)

114. 한센병(나병)의 진찰과 판단은 누가 합니까?(레 13장)

115. 나실인의 성별 규례를 써 보세요(민 6 : 2-6).
    ①
    ②
    ③

116. 아론이 제사장 된 증거를 보인 이적은 무엇입니까?(민 17 : 8)

117. 나귀에게 책망을 받은 선지자는 누구입니까?(민 22 : 28-30)

118. 도피성이 무엇이며, 어디에 있습니까?(민 35 : 11-14, 수 20장)

119. 모세가 가나안에 들어가지 못한 원인은 무엇입니까?(민 20 : 1-12)

120. 여인이 남자, 여자 아이를 낳을 때 정결하게 되는 기한(부정한 기간과 산혈이 깨끗해지기까지)은 각각 얼마입니까?(레 12 : 1-5)

121. 이스라엘 백성이 적군과 싸우려 할 때 집으로 돌아가게 한 자는 어떤 자들입니까?(신 20장)
    ①

②
③
④

122. 하나님의 전에 드릴 수 없는 가증한 돈은 어떤 것입니까?(신 23 : 18)

123. 아사셀을 위한 염소는 어떻게 처리했습니까?(레 16장)

124. 이스라엘 중 싸움에 나갈 만한 자를 계수할 때, 요셉 자손의 두 지파 이름은 무엇입니까?(민 1 : 10)

125. 레위인이 회막 봉사를 끝내는 나이는 몇 살입니까?(민 8 : 25)

126. 약속의 땅 가나안에 정탐꾼으로 들어간 사람 중 하나님이 주신 땅으로 확신한 두 사람은 누구입니까?(민 13장, 신 1 : 34 - 38)

127. 가나안 정탐꾼들이 가지고 돌아온 물건은 무엇입니까?(민 13 : 23 - 24)

128. 가나안 7족속은 어느 족속입니까?(신 7 : 1 - 2)

129. 십일조 규례 중 매 삼 년 끝에 내는 십분의 일은 누구를 위한 것 입니까?(신 14 : 28 - 29)

130. 이스라엘이 약속의 땅에 들어가서 축복을 선포할 산 이름과 저주 를 선포할 산 이름을 각각 적으세요(신 11 : 29).

131. '대속죄일'이란 무엇입니까?(레 16 : 29 - 34)

132. 모세의 뜻은 무엇입니까?(출 2 : 10)

133. 제사장 위임식의 절차 중 첫 번째는 무엇입니까?(레 8 : 6)

134. 십계명을 간단히 암기해 써 보세요.

135. 출애굽한 사람들 중 여호수아와 갈렙 외에 모두 광야에서 죽은 원인은 무엇입니까?(민 14 : 27 - 35)

136. 이스라엘이 남유다와 북이스라엘로 분열하기 전 왕들의 이름을 쓰세요.

137. 모세가 쓴 율법의 말씀은 어디에 보관했습니까?(신 31 : 24 - 26)

138. 땅이 그 입을 열어 고라에게 속한 모든 사람을 삼킨 후, 여호와께로부터 불이 나와 불살라진 자는 몇 명입니까?(민 16 : 35)

139. 모세의 후계자는 누구입니까?

140. 강하고 담대하라 명령하신 하나님께서 여호수아에게 무엇을 묵상하고 지켜 행하라고 명령하셨습니까?(수 1 : 8)

141. 두 정탐꾼을 보호하여 무사히 돌려보낸 사람은 누구입니까?(수 2 : 1)

142. 이스라엘 백성들이 요단을 건널 때에 백성의 선두에 선 지파들은 누구입니까?(수 12 - 14장)

143. 아이성 전쟁의 실패 원인을 써 보세요.

144. 요단강 동편 땅을 차지한 지파 이름을 써 보세요(수 13 : 8).

145. 이스라엘 자손들이 아모리 사람들을 칠 때 여호와께 기도하여 나타난 전무후무한 이적은 무엇입니까?(수 10 : 12 - 14)

146. 여호수아 이후에 이스라엘의 지도자로 세운 사람을 무엇이라 했습니까?

147. 사사들의 직무와 사사의 이름을 써 보세요(삿 2 : 16 - 18).
① 직무 :
② 이름 :

148. 기드온이 선발한 군사는 몇 명이며, 그들의 전쟁 무기는 무엇이었습니까?

149. 서로 관계되는 것끼리 줄로 연결해 보세요.
① 바락 • • ㉠ 랍비돗의 아내, 사사, 여선지자
② 시스라 • • ㉡ 야빈의 군대 장관
③ 드보라 • • ㉢ 아비노암의 아들, 대장
④ 야엘 • • ㉣ 소 모는 막대기
⑤ 왼손잡이 • • ㉤ 에훗(베냐민 사람 게라의 아들)
⑥ 블레셋인 6백 명 • • ㉥ 시스라를 죽인 여자
⑦ 기드온 • • ㉦ 여룹바알

150. 구약 인물 중에 엘가나의 아내로서 자식이 없어 통곡하며 서원하여 얻게 된 자식의 이름은 무엇입니까?(삼상 1 : 10-20)

151. 룻은 어느 나라 여자입니까?(룻 1 : 4)

152. 룻의 세 가지 결심은 무엇입니까?(룻 1 : 16 - 17)
　　①
　　②
　　③

153. 나오미의 손에서 그 기업을 산 사람은 누구입니까?(룻 4 : 9)

154. 사무엘을 바친 한나에게 하나님은 어떤 축복을 주셨습니까?(삼상 2 : 21)

155. 사무엘이 백성을 다스린 곳은 어디입니까?(삼상 7 : 5 - 6)

156. '에벤에셀'이란 무슨 뜻입니까?(삼상 7 : 12)

157. 사무엘이 사울을 향하여 '순종이 제사보다 낫고 듣는 것이 숫양의 기름보다 나으니'라고 전하게 된 사울의 잘못은 무엇입니까? (삼상 15 : 1 - 23)

158. 하나님께서 사람을 선택하시는 기준은 무엇입니까?(삼상 16 : 7)

159. 아히멜렉이 다윗에게 준 칼은 누구의 칼입니까?(삼상 21장)

160. 신접한 여인을 찾아간 사울에게 나타나 전쟁에서 패하여 죽을 것이라고 말한 사람은 누구입니까?(삼상 28장)

161. 블레셋과의 전쟁에서 사울보다 먼저 죽은 그의 세 아들은 누구누구입니까?(삼상 31장)

162. 다윗은 요나단에게 은혜를 갚았습니다. 어떻게 보답했습니까?
(삼하 9장)

163. 다윗의 범죄를 누가, 어떻게 지적했습니까?(삼하 12장)

164. 도엑의 칼에 죽은 제사장의 수는 몇 명입니까?(삼상 22 : 18)

165. 다윗은 자기 부하를 전쟁터에서 죽게 하고 그의 아내를 취했습니다. 그 부하의 이름과 그 아내의 이름을 써 보세요(삼하 11 : 3).
① 부하 :   ② 부하의 아내 :

166. 다윗 시대에 3년 동안 기근이 든 이유는 무엇입니까?(삼하 21장)

167. 다윗의 인구 조사에 대한 하나님의 중벌 중 다윗이 택한 것은 무엇이며, 그 벌로 몇 명이 죽었습니까?(삼하 24장)

168. 아히도벨의 모략으로부터 다윗을 구출한 사람은 누구입니까?
(삼하 17장)

169. 사무엘 부모의 이름은 무엇입니까?(삼상 1장)

170. 사울 왕은 어느 지파, 누구의 아들입니까?

171. 솔로몬이 하나님께 일천 번제를 드린 곳은 어디입니까?(왕상 3 : 3-4)

172. 솔로몬이 지은 잠언과 노래는 얼마나 됩니까?(왕상 4 : 32)

173. 솔로몬 왕이 성전과 왕궁을 건축하는 데 걸린 기간은 각각 몇 년입니까?(왕상 6 : 38, 7 : 1)
   ① 성전 :
   ② 왕궁 :

174. 솔로몬이 지은 성전의 두 기둥의 이름은 무엇입니까?(왕상 7 : 21 - 22)

175. 솔로몬의 소식을 듣고 어려운 문제로 솔로몬을 시험하고자 예루살렘에 온 왕은 누구입니까?(왕상 10 : 1 - 13)

176. 이스라엘 왕국은 어떻게 분열되었습니까?(왕상 12 : 1 - 24)
   ① 북쪽 이스라엘 : (   )의 아들 (   )이 왕이 됨.
   ② 남쪽 유   다 : (   )의 아들 (   )이 왕이 됨.

177. 남왕국 유다의 수도는 어디였습니까?

178. 엘리야가 아합 왕을 피하여 숨어 지낸 곳과 떡과 고기를 가져온 동물은 무엇입니까?(왕상 17 : 2 - 7)
   ① 숨은 장소 :
   ② 음식 제공한 동물 :

179. 사르밧 과부가 엘리야 선지자를 일컬어 '당신은 하나님의 사람'이라고 고백하게 된 결정적 계기는 무엇입니까?(왕상 17 : 17-24)

180. 엘리야는 아합 왕 때 갈멜산에서 누구와 대결하여 이겼습니까? (왕상 18장)

181. 엘리야가 이세벨에게 쫓겨가 죽기를 원한 곳은 어디입니까?(왕상 19 : 1-7)

182. 엘리야가 회오리바람으로 하늘로 올라가는 것을 보고 "내 아버지여, 이스라엘의 병거와 그 마병이여"라고 말한 자는 누구입니까?(왕하 2 : 12)

183. 엘리사의 말씀에 따라 요단강에서 한센병(나병)을 고친 사람은 누구입니까?(왕하 5장)

184. 물에 빠진 쇠도끼를 엘리사는 어떻게 건졌습니까?(왕하 6장)

185. 다음의 사람 중 그 직책이 왕인 사람은 '왕', 제사장인 사람은 '제', 선지자인 사람은 '선'이라고 괄호 안에 써 넣으세요.
① 예레미야(　)　② 히스기야(　)　③ 엘 리 야(　)
④ 웃 시 야(　)　⑤ 요 시 야(　)　⑥ 아히멜렉(　)
⑦ 다　 윗(　)　⑧ 이 사 야(　)　⑨ 아　 론(　)

186. 요아스는 몇 살에 왕위에 올랐습니까?(왕하 11장)

187. 히스기야 왕은 이사야 선지자를 통해서 사망 통고를 받고 어떻게 했으며, 그 결과는 무엇입니까?(왕하 20 : 1-7)

188. 남북조의 마지막 왕은 누구이며, 각각 어느 나라에게 망했습니까?(왕하 17, 25장)
① 북이스라엘 : 왕(　　　　), 나라(　　　　)
② 남유다 : 왕(　　　　), 나라(　　　　)

189. 하나님께서 솔로몬에게서 나라를 빼앗아 그 열 지파를 여로보암에게 줄 것을 예언한 선지자는 누구입니까?(왕상 11 : 30-35)

190. 블레셋에게 빼앗겼던 하나님의 궤를 다윗성에 메어 들이지 못하고 그 궤가 석 달 동안 머물렀던 곳은 누구의 집입니까?(대상 13 : 13-14)

191. 다윗에게 성전을 건축하지 말라고 하나님의 말씀을 전해 준 선지자는 누구입니까?(대상 17장)

192. 다윗 왕 시대에 여호와 찬송하기를 배워 익숙한 자의 수효는 얼마입니까?(대상 25 : 7)

193. 다윗이 성전을 건축할 마음이 있었으나 하나님께서 막으신 이유는 무엇입니까?(대상 28 : 1-3)

194. 웃시야 왕이 한센병(나병)에 걸린 이유는 무엇입니까?(왕하 15장, 대하 26장)

195. 남왕국 유다 백성들을 바벨론으로 붙잡아 간 왕은 누구이며, 예루살렘으로 다시 돌려보내 준 왕은 누구입니까?(왕하 25장, 스 1장)
    ① 붙잡아 간 왕 :   ② 돌려보낸 왕 :

196. 요시야를 위해 '애가'를 지은 이는 누구입니까?(대하 35 : 25)

197. 바벨론의 포로 된 유대인들에게 귀환케 하는 조서를 내린 왕은 누구입니까?(스 1 : 1-3)

198. 바벨론 포로에서 귀환자들의 지도자로서 스라야의 아들이요 아사랴의 손자인 자는 누구입니까?(스 7장)

199. 앗수르 왕이 여러 곳에서 사람을 옮겨다가 사마리아 여러 성읍에 둔 결과는 무엇입니까?(왕하 17 : 24-41)

200. 아닥사스다 왕에게 유다 땅으로 돌아가 성을 건축하게 해 달라고 요청한 사람은 누구입니까?(느 2 : 1-5)

201. 스룹바벨과 예수아가 하나님의 성전을 건축하도록 예언한 사람들은 누구입니까?(스 5 : 1-2)

202. 부림절의 기원을 쓰세요(에 9 : 21-32).

203. 모르드개를 모함하여 죽이려다가 도리어 자기가 만든 사형대에 목숨을 잃은 사람은 누구입니까?

204. "죽으면 죽으리이다"라고 한 여인은 누구입니까?(에 4 : 16)

205. 욥의 세 친구의 이름을 써 보세요(욥 2 : 11).

206. 욥이 고난을 받기 전의 자녀들 수와 그의 소유물에 대해 쓰세요 (욥 1 : 2-3).
    ①
    ②
    ③
    ④
    ⑤

207. 하나님은 욥을 사탄에게 어떻게 소개하셨습니까?(욥 1 : 8)

208. 서로 관계된 것끼리 연결하세요(욥 2장).
    ① 욥   • ㉠ 우리가 하나님께 복을 받았은즉 화도 받지 아니하겠느냐?
    ② 욥의 아내   • ㉡ 다만 그의 생명은 해하지 말지니라.
    ③ 여호와   • ㉢ 하나님을 욕하고 죽으라.
    ④ 사단   • ㉣ 가죽으로 가죽을 바꾸오니 사람이 그의 모든 소유물로 자기의 생명을 바꾸올지라.

209. 욥은 그의 괴로움과 파멸이 무엇보다 무겁다고 했습니까?(욥 6 : 1-3)
    (   )보다도 무거울 것이다.

210. 욥의 친구 중 '악인이 이긴다는 자랑도 잠시요'라고 말한 사람은 누구입니까?(욥 20 : 1-5)

211. 성경 중 가장 짧은 장과 가장 긴 장은 어디입니까?
    ① 가장 짧은 장 :   ② 가장 긴 장 :

212. 시편은 몇 권으로 나누어져 있습니까?

213. 시편을 기록한 사람 중 4사람을 써 보세요.

214. 어리석은 자는 어떤 사람입니까?(시 14 : 1)

215. 인간의 연수의 자랑은 결국 무엇이라고 했습니까?(시 90 : 10)

216. 지혜의 근본이 무엇이라고 했습니까?(시 111 : 10)

217. 시인은 사람의 날을 가리켜 무엇과 같다고 했습니까?(시 144편)

218. 모든 일의 작정은 누가 하며, 제비는 누가 뽑습니까?(잠 16 : 33)

219. 아굴의 두 가지 기도는 무엇입니까?(잠 30 : 1-8)
　　①
　　②

220. 여호와의 미워하시는 것, 곧 그 마음에 싫어하시는 것 일곱 가지를 써 보세요(잠 6 : 16-19).
　　① 교만한　　　　　　　　(　　　)
　　② 거짓된　　　　　　　　(　　　)
　　③ 무죄한 자의 피를 흘리는　(　　　)
　　④ 악한 계교를 꾀하는　　　(　　　)
　　⑤ 빨리 악으로 달려가는　　(　　　)
　　⑥ 거짓을 말하는 망령된　　(　　　)
　　⑦ 형제 사이를　　　　　　(　　　) 하는 자

221. 전도서에서 헛되다는 말을 했는데 무엇이 헛되다는 말입니까? (전 1 : 2)

222. 전도서 저자는 청년의 때에 창조주를 기억하라고 하면서 흙과 영이 어디로 돌아간다고 언급합니까?(전 12 : 1-8)

223. 사람의 본분을 무엇이라 했습니까?(전 12장)

224. 솔로몬 왕의 가마는 무엇으로 만들었습니까?(아 3 : 9-10)
① 레바논의 :   ② 기둥 :   ③ 바닥 :   ④ 자리 :

225. 이사야서의 주제는 무엇입니까?

226. 이사야 선지자의 아들의 이름은 무엇입니까?(사 8 : 1-4)

227. 성전에서 이사야의 입에 무엇이 닿았습니까?(사 6 : 6-7)

228. 이사야 53장의 예언은 누구에 관한 예언입니까?

229. 이사야의 활동 시기는 언제입니까?(사 1장)

230. 하나님께서 "내가 누구를 보내며 누가 우리를 위하여 갈꼬"라고 하실 때 이사야는 어떻게 응답하였습니까?(사 6 : 1-8)

231. 이사야는 처녀의 몸에서 메시야가 날 것을 예언했습니다. 몇 장 몇 절에 있습니까?

232. 한 아기가 우리에게 났고 아들을 우리에게 주신 바 되었는데 그 이름은 무엇입니까?(사 9 : 1-7)

233. 이사야는 몇 년 동안 벗은 몸과 벗은 발로 행했습니까?(사 20장)

234. 히스기야에 대한 하나님의 응답의 증거는 무엇입니까?(사 38 : 1-8)

235. 예레미야가 소명 받을 때 본 두 가지는 무엇입니까?(렘 1장)

①
②

236. 예레미야의 구전을 받아 기록한 사람(서기관)은 누구입니까?(렘 36 : 18)

237. 예레미야가 본 환상 '끓는 가마'의 뜻은 무엇입니까?(렘 1 : 11-15)

238. 두루마리 성경을 칼로 베어 화로불에 태워 버린 임금은 누구입니까?(렘 36 : 1-32)

239. 시드기야 왕이 바벨론으로 끌려갈 때 어떤 모습으로 끌려갔습니까?(렘 39 : 7)

240. 예레미야는 소명 받았을 때에 무엇이라고 대답하였습니까?(렘 1 : 4-10)

241. 예레미야애가는 무엇을 슬퍼하여 쓴 것입니까?(애 1장)

242. 에스겔은 어떤 사람입니까?(겔 1 : 1-3)
①
②
③

243. 에스겔이 본 네 생물의 얼굴은 어떤 모양입니까?(겔 1 : 1-10)

244. 에스겔 37장에서 뼈들이 생기를 받고 큰 군대를 이룬 것이 상징하는 것은 무엇입니까?

245. 제사장은 어떤 여자와 결혼해야 합니까?(겔 44 : 22)

246. 에스겔이 이상 가운데 여호와의 전 동문, 곧 동향한 문에 이르러 본 백성의 고관 중에서 에스겔이 예언할 때에 죽은 자는 누구입니까?(겔 11장)

247. 자매 오홀라와 오홀리바는 각각 누구를 빗대어 말한 것입니까? (겔 23장)
　① 오홀라 :　　　　　　② 오홀리바 :

248. 두로는 어느 나라에 망했습니까?(겔 26장)

249. 에스겔이 막대기 둘을 가져다가 서로 합하여 하나가 되게 예언했습니다. 그 막대기에 쓰여진 글씨를 각각 적어 보세요(겔 37 : 15 – 22).
　①　　　　　　　　　　②

250. '여호와께서 거기에 계시다'라는 의미를 가진 여호와의 성읍의 이름은 무엇입니까?(겔 48 : 35)

251. 느부갓네살 왕이 꿈에 본 큰 신상의 모양은 어떻게 생겼습니까? (단 2장)

252. '메네 메네 데겔 우바르신'의 뜻은 무엇입니까?(단 5장)
　① 메네 :
　② 데겔 :

③ 우바르신(베레스) :

253. 다니엘이 사자굴에 들어간 원인과 결과를 써 보세요(단 6장).
　　① 원인 :
　　② 결과 :

254. 다니엘의 별명은 무엇입니까?(단 1 : 7)

255. 다니엘의 세 친구 이름은 무엇입니까?(단 3 : 8-18)

256. 누가 다니엘을 총리로 세웠습니까?(단 6장)

257. 많은 사람이 연단을 받아 기다려서 며칠까지 이르는 사람은 복이 있다고 했습니까?(단 12 : 12)

258. 환난 때에 어떠한 자가 구원을 얻는다고 했습니까?(단 12 : 1)

259. 호세아서의 교훈을 간단히 써 보세요.

260. 호세아서는 하나님과 이스라엘의 관계를 어떻게 설명했습니까? (호 2 : 16)

261. 호세아의 아내와 자녀의 이름을 써 보세요(호 1장).
　　① 아내 :　　　② 딸 :　　　③ 아들 :

262. 호세아는 여로보암이 북왕국 왕이 된 시대에 예언했는데 남왕국의 이사야, 아모스, 미가와 같은 시대 선지자입니다. 그의 아버지의 이름은 무엇입니까?(호 1장)

263. 다음 관계있는 것끼리 서로 연결해 보세요(욜 1장).
   ① 취하는 자들 •   • ㉠ 부끄러워할지어다
   ② 농부들 •   • ㉡ 깨어 울지어다
   ③ 제사장들 •   • ㉢ 굵은 베를 동이고 슬피 울지어다

264. 요엘서에 특별히 약속한 것은 무엇입니까?(욜 2:28)

265. 아모스의 본업은 무엇입니까?(암 1장)

266. 아모스는 이스라엘 족속에게 구체적인 방법으로 살 길을 제시하고 있습니다. 그 방법을 적으세요(암 5:4, 14, 15, 24).
   ①
   ②
   ③
   ④

267. 아모스가 본 다섯 가지 환상을 적으세요(암 7-9장).
   ①
   ②
   ③
   ④
   ⑤

268. 오바댜는 어느 족속의 심판에 대한 내용입니까?(옵 1장)

269. 요나 선지자는 왜 물고기 뱃속에 들어갔습니까?(욘 1-2장)

270. 요나 아버지의 이름은 무엇입니까?(욘 1장)

271. 요나의 전도를 받은 니느웨는 어떻게 했습니까?(욘 3장)

272. 요나는 무엇 때문에 불평했습니까?(욘 3:1-4:4)

273. 다음 (   ) 안에 알맞는 말을 써 보세요.
"사람아 주께서 선한 것이 무엇임을 네게 보이셨나니 여호와께서 네게 구하시는 것은 오직 (   )를 행하며 (   )를 사랑하며 겸손하게 네 하나님과 함께 (   ) 것이 아니냐"(미 6:8).

274. 예수님께서 베들레헴에 나실 것을 예언한 선지자는 누구입니까?(미 5:2)

275. 나훔은 이사야와 히스기야와 같은 시대에 활동한 엘고스 사람인데 어느 나라에 대하여 예언했습니까?

276. 요나 선지자는 니느웨에 대하여 회개를 외쳤고, 나훔 선지자는 니느웨에 대하여 무엇을 외쳤습니까?

277. 하박국에서는 의인은 무엇으로 말미암아 살 수 있다고 했습니까?(합 2:4)

278. 하박국 선지자는 어떤 자에게 화가 있다고 했습니까?(합 2:18-20)

279. 스바냐는 왕족으로 선지자가 되었는데 어느 시대에 예언했습니까?

280. 학개가 성전 재건할 때 총독과 대제사장은 누구입니까?(학 1장)

281. 스가랴가 언급한 네 번의 금식 시기는 각각 언제입니까?(슥 8 : 19)

282. 힘으로도 능력으로도 되지 아니하고 오직 무엇으로 할 수 있습니까?(슥 4 : 6)

283. 측량줄을 손에 잡은 자가 스가랴에게 무엇하러 간다고 했습니까?(슥 2장)

284. 스가랴 선지자는 날아가는 두루마리를 보았는데 이 두루마리는 무엇을 의미합니까?(슥 5장)

285. 스가랴가 메시야에 대해 예언한 것 두 가지를 쓰세요(슥 9 : 9, 11 : 12).
　①
　②

286. 말라기의 주제는 무엇입니까?(말 4 : 4-6)

287. 온전한 십일조를 강조한 말씀은 어디에 있습니까?

288. 누구에게 공의로운 해가 떠올라서 치료하는 광선을 비춘다고 했습니까?(말 4 : 2)

289. 여호와의 크고 두려운 날이 이르기 전에 누구를 보낸다고 하셨습니까?(말 4 : 5)

290. 말라기 선지자를 통해 용광로 불 같은 날에 지푸라기 같은 자가 될 사람들은 어떤 자들입니까?(말 4 : 1)

291. 다음 성경의 장 명을 쓰세요.
    ① 창세기 1장 :
    ② 창세기 2장 :
    ③ 창세기 22장 :
    ④ 출애굽기 20장 :
    ⑤ 여호수아 5장 :
    ⑥ 사무엘상 17장 :
    ⑦ 열왕기상 18장 :
    ⑧ 에스더 9장 :
    ⑨ 욥기 1장 :
    ⑩ 이사야 6장 :
    ⑪ 호세아 3장 :
    ⑫ 말라기 3장 :

292. 구약의 이적 5가지를 써 보세요.
    ① 출애굽기 14장 :
    ② 여호수아 6장 :
    ③ 열왕기상 18장 :
    ④ 여호수아 10장 :
    ⑤ 열왕기하 4장 :

293. 사사기 17장과 21장에 이스라엘에 왕이 없었으므로 사람들이 어떻게 행했습니까?

294. 구약에서 '어리석은 자를 슬기롭게 하며 젊은 자에게 지식과 근신함을 주기 위한 것'으로 쓰여진 대표적인 지혜서는 어느 책입니까?

295. 구약의 대선지자를 써 보세요.

296. 다음 산에서 있었던 사건에 대하여 써 보세요.
    ① 호렙산(출 3장) :
    ② 시내산(출 19장) :
    ③ 에발산(수 8장) :

297. 다음 괄호 안에 옳은 것은 ○표, 틀린 것은 ×표 하세요.
　① 노아는 그 아들 이삭을 모리아 산에서 제물로 드리려고 하였다.
　　(　　)
　② 아브라함은 고향을 떠나 하나님이 약속하신 땅으로 향해 갔다.
　　(　　)
　③ 요셉이 형들의 모함으로 미디안 상인들에게 팔려 갔으나 요셉은 바벨론의 국무총리가 되었다. (　　)
　④ 나단 선지자는 다윗 왕에게 나아가서 우리아의 아내의 일로 왕을 책망했다. (　　)
　⑤ 엘리사 선지자는 나아만 장군에게 실로암 못에 가서 7번 씻으라고 했다. (　　)

298. 다음 인물과 낱말은 구약성경 어느 책에 나옵니까?
　① 사드락, 메삭, 아벳느고 :
　② 가인과 아벨 :　　　③ 끓는 가마 :
　④ 나오미 :　　　　　⑤ 고멜 :

299. 다음 (　　) 안에 알맞은 지명을 넣으시오(미 1 : 5).
　"야곱의 허물이 무엇이냐 (　　)가 아니냐 유다의 산당이 무엇이냐 (　　)이 아니냐"

300. 다음 (　　) 안을 채우시오(합 2 : 4).
　"보라 그의 마음은 교만하며 그 속에서 정직하지 못하나 (　　)은 그의 (　　)으로 말미암아 살리라"

2_ 구약성경 문제 | 객관식

1. 모세오경이란 무엇입니까?
   ① 창세기, 출애굽기, 레위기, 신명기, 여호수아
   ② 출애굽기, 레위기, 민수기, 신명기, 여호수아
   ③ 창세기, 출애굽기, 레위기, 민수기, 신명기
   ④ 창세기, 출애굽기, 레위기, 민수기, 여호수아

2. 창세기에 기록된 중요 기사가 아닌 것은 무엇입니까?
   ① 가나안 땅 정복   ② 노아의 홍수
   ③ 아브라함이 이삭을 바침 ④ 요셉이 애굽의 총리가 됨

3. 에덴동산의 위치는 어디입니까?
   ① 지상에 있었다.   ② 특별한 곳이었다.
   ③ 구라파 어느 곳이었다. ④ 하늘나라에 있었다.

4. 인간의 범죄 기사가 기록된 곳은 어디입니까?
   ① 창세기 1장   ② 창세기 3장
   ③ 창세기 5장   ④ 창세기 7장

5. 아담과 여자가 범죄한 후에 나타난 일이 아닌 것을 다음에서 찾아 보세요.
   ① 잎치마를 만들어 입음   ② 남자와 여자가 원수가 됨
   ③ 동산 나무 사이에 숨음   ④ 하나님의 소리를 듣고 두려워함

6. 메시야에 대한 첫 번 약속이 기록된 곳은 어디입니까?
   ① 창세기 2 : 14   ② 창세기 3 : 15
   ③ 민수기 24 : 17   ④ 레위기 6 : 4

7. 므두셀라는 어떤 사람입니까?
   ① 처음 살인자이다.   ② 악기를 만든 자이다.
   ③ 육축을 치는 자이다.   ④ 제일 장수자이다.

8. 창세기의 족보는 무엇을 보여 줍니까?
   ① 노아 자손의 계보   ② 아담 자손의 계보
   ③ 메시야의 계보   ④ 제일 장수자

9. 수금과 퉁소를 잡는 모든 자의 조상이 된 사람은 누구입니까?
   ① 가인   ② 라멕   ③ 유발   ④ 야발

10. 방주에서 살아난 노아의 가족은 모두 몇 명입니까?
    ① 4명   ② 5명   ③ 6명   ④ 8명

11. 홍수가 지상에 넘친 기간은 얼마입니까?
    ① 150일   ② 120일   ③ 100일   ④ 80일

12. 노아의 아들 중 메시야의 계통은 누구입니까?
    ① 함의 자손   ② 셈의 자손   ③ 야벳의 자손   ④ 셋의 자손

13. 하나님이 홍수를 다시 보내지 아니하시겠다고 하시며 보여 주신 표시는 무엇입니까?
    ① 노을   ② 구름   ③ 해가 멈춤   ④ 무지개

14. 노아 때 비가 땅에 쏟아진 기간은 얼마입니까?
    ① 7주야   ② 40주야   ③ 12주야   ④ 70주야

15. 바벨탑을 세운 목적이 아닌 것은 무엇입니까?
    ① 이름을 내기 위해   ② 온 지면에 흩어짐을 면하기 위해
    ③ 아름다운 탑을 쌓기 위해   ④ 하늘에 닿기 위하여

16. 복이 되어 그를 축복하는 자는 복을 받게 됩니다. 그는 누구입니까?
    ① 가나안   ② 므두셀라   ③ 에녹   ④ 아브라함

17. 족장들의 주 직업은 무엇입니까?
    ① 농업   ② 어업   ③ 공업   ④ 목축업

18. 아브라함이 할례받을 때의 연령은 얼마입니까?
    ① 75세   ② 99세   ③ 100세   ④ 120세

19. 아브라함이 하나님께 소돔에 대해 간구한 것은 다음 중 어느 것 때문입니까?
    ① 조카 롯의 식구가 살고 있으므로
    ② 의인을 악인과 함께 멸하시지 않도록
    ③ 성내에 있는 재물이 아까워서
    ④ 소돔성과 화친 관계에 있었으므로

20. 아브라함의 별세 연령은 얼마입니까?
    ① 175세   ② 90세   ③ 100세   ④ 185세

21. 아브라함은 이삭을 낳은 지 몇 일만에 할례를 행했습니까?
    ① 낳자마자   ② 3일   ③ 8일   ④ 120일

22. 아브라함이 의롭다 함을 받은 때는 언제입니까?
    ① 고향을 떠날 때에
    ② 이삭(독자)을 드릴 때에
    ③ 하나님의 말씀을 믿을 때에
    ④ 소돔과 고모라를 위해 기도할 때에

23. 아브라함이 아비멜렉과 언약을 세운 후 에셀 나무를 심고 '영원하신 하나님 여호와'의 이름을 부른 곳은 어디입니까?
    ① 모리아산   ② 벧엘   ③ 헤브론   ④ 브엘세바

24. 야곱의 성격은 어떠합니까?
    ① 인내심이 강하고 온유하다.
    ② 간교하고 교활하여 속이기를 잘한다.
    ③ 용감하고 호전적이며 판단력이 강하다.
    ④ 성격이 급하여 '우뢰의 아들'이란 별명이 있다.

25. 이삭이 농사하여 백배나 얻은 곳은 어디입니까?
    ① 브엘 라해로이   ② 헤브론   ③ 애굽   ④ 그랄

26. 아브라함의 가족 묘지는 어디입니까?
    ① 시글락   ② 엔게디   ③ 하윌라   ④ 막벨라

27. 에서의 후손은 어느 민족입니까?
    ① 에돔   ② 모압   ③ 암몬   ④ 가나안

28. 십일조의 기사가 처음 나타난 곳은 어디입니까?
    ① 레위기 27 : 30   ② 말라기 3 : 10
    ③ 창세기 14 : 20   ④ 아모스 4 : 4

29. 야곱이 이스라엘이란 이름을 얻은 곳은 어디입니까?
    ① 벧엘   ② 얍복 강가   ③ 하란   ④ 마하나임

30. 라반과 야곱이 언약을 세우기 위해 돌무더기로 증거를 삼은 곳을 야곱은 무엇이라고 했습니까?
    ① 길르앗   ② 여갈사하두다   ③ 갈르엣   ④ 미스바

31. 에서가 야곱을 만난 후 회정해 간 곳은 어디입니까?
    ① 세겜   ② 숙곳   ③ 세일   ④ 밧단아람

32. 야곱이 별세한 연령은 얼마입니까?
    ① 132세   ② 152세   ③ 147세   ④ 140세

33. 아담이 그의 아내 하와의 이름을 지은 때는 언제입니까?
    ① 범죄 전   ② 범죄 후   ③ 잉태 후   ④ 출산 후

34. 창세기에서 꿈 해몽으로 유명한 사람은 누구입니까?
    ① 야곱   ② 다니엘   ③ 아히멜렉   ④ 요셉

35. 요셉은 이스마엘 사람에게 얼마에 팔렸습니까?
    ① 은 20   ② 은 30   ③ 금 20   ④ 금 30

36. 요셉이 애굽의 총리대신이 됐을 때의 나이는 몇 살이었습니까?
    ① 이십오 세   ② 삼십 세   ③ 삼십이 세   ④ 삽십오 세

37. 요셉은 임종시에 자기 유해에 대해서 무엇이라 유언했습니까?
    ① 애굽에서 가지고 나가라.
    ② 애굽에 장사 지내라.
    ③ 화장해 두었다가 가지고 나가라.
    ④ 깨끗이 화장하여라.

38. 야곱의 집 사람으로 애굽에 이른 자의 수는 도합 몇 명입니까?
    ① 66명   ② 67명   ③ 69명   ④ 70명

39. 애굽인들이 바로를 위해 이스라엘 자손들에게 쌓게 한 국고성은 무엇입니까?
    ① 비돔과 고센   ② 비하히롯과 라암셋
    ③ 비돔과 라암셋   ④ 숙곳과 라암셋

40. 이스라엘이 출애굽할 때 선택한 노정은 어느 길입니까?
    ① 블레셋을 통과하는 길   ② 아라비아를 통과하는 길
    ③ 시내광야를 통과하는 길 ④ 페르시아를 통과하는 길

41. 유월절에 무엇을 먹고 출발했습니까?
    ① 누룩 없는 떡과 양고기를 먹었다.
    ② 쓴 나물과 누룩 없는 떡을 먹었다.
    ③ 누룩 없는 떡과 쓴 나물과 양고기를 먹었다.
    ④ 누룩 없는 떡과 쓴 나물과 양고기와 포도주를 먹었다.

42. 호렙산에서 하나님이 모세에게 이르신 자신의 이름은 무엇입

니까?
① 나는 여호와니라.   ② 나는 야훼니라.
③ 나는 스스로 있는 자라.   ④ 나는 창조주 하나님이라.

43. 모세의 아내가 모세를 '피 남편'이라 한 것은 무슨 이유 때문입니까?
    ① 피를 자주 흘리기 때문이다.
    ② 애굽인을 죽였기 때문이다.
    ③ 할례 때문이다.
    ④ 부인과 같은 혈통이기 때문이다.

44. 미리암은 왜 한센병(나병)에 걸렸습니까?
    ① 거짓말하다 들켜서   ② 안수기도를 잘못 받았으므로
    ③ 우상을 숭배하여서   ④ 모세를 비방함으로

45. 열 가지 재앙 중 애굽 술객들도 따라 행한 것은 모두 몇 번입니까?
    ① 두 번   ② 세 번   ③ 네 번   ④ 다섯 번

46. 어느 재앙부터 이스라엘 백성이 사는 고센 땅에는 내리지 않았습니까?
    ① 파리   ② 이   ③ 흑암   ④ 메뚜기

47. 다음 중 이스라엘 사람들이 열 번째 재앙을 면한 방법이 아닌 것은 무엇입니까?
    ① 양을 잡았다.
    ② 고기는 불에 구워 먹었다.
    ③ 고기는 불살라 제사 드렸다.
    ④ 양의 피는 문설주에 발랐다.

48. 이스라엘 백성이 애굽에서 출발한 곳은 어디입니까?
    ① 비하히롯   ② 숙곳   ③ 에담   ④ 라암셋

49. 이스라엘 백성들 사이에 금전 대여는 어떻게 했습니까?
    ① 전혀 이자를 받지 않았다.   ② 이자를 적게 받는다.
    ③ 안식년까지만 이자를 받는다.   ④ 금전대여는 금하였다.

50. 이스라엘의 한센병(나병) 진단은 누가합니까?
    ① 공의만이 할 수 있다.   ② 대제사장만이 할 수 있다.
    ③ 제사장만이 할 수 있다.   ④ 선지자만이 할 수 있다.

51. 구름기둥이 진 후면에 서게 된 때는 언제입니까?
    ① 애굽군대가 이스라엘을 추격할 때
    ② 이스라엘이 홍해를 건너고 난 후
    ③ 이스라엘이 홍해를 건너는 중에
    ④ 처음부터

52. 홍해를 건넌 후 이스라엘 백성이 모세에게 처음으로 불평한 곳은 어디입니까?
    ① 마라   ② 비하히롯   ③ 에돔   ④ 시내산

53. 모세가 홍해를 건넌 후에 처음으로 한 것은 무엇입니까?
    ① 축제   ② 식사   ③ 제단을 쌓음.   ④ 찬송

54. '마라'의 쓴 물을 어떻게 마시게 되었습니까?
    ① 여호와께서 지시하시는 나무를 물에 던져서
    ② 모세의 지팡이를 물에 대어서
    ③ 여호와께서 지시하시는 소금을 뿌려서
    ④ 여호와께서 지시하시는 풀잎을 뿌려서

55. 모세가 하나님의 산으로 올라갈 때 같이 동행한 사람은 누구입니까?
    ① 여호수아   ② 갈렙   ③ 나답   ④ 아론

56. 여호와께서 모세에게 장막과 기구 만들 재료를 어떻게 거두라 하셨습니까?
    ① 많이 드리는 자의 것을 받으라고 하셨다.
    ② 조금 드리는 자의 것을 받으라 하셨다.
    ③ 깨끗하게 보이는 것을 받으라 하셨다.
    ④ 기쁜 마음으로 드리는 자에게서 받으라 하셨다.

57. 회막과 그 안에 있는 모든 기구를 만드는 데 하나님께서 누구를 불러 세웠습니까?
    ① 모세와 아론   ② 아론과 훌
    ③ 아론과 오홀리압   ④ 브살렐과 오홀리압

58. 여호와를 앙망하는 자는 회막으로 나아갔는데, 회막이 위치한 곳은 어디입니까?
    ① 진 중앙   ② 진 가장자리
    ③ 진 뒤   ④ 진 밖

59. 모세가 간절히 보기를 원한 것은 무엇입니까?
    ① 주의 얼굴   ② 주의 손
    ③ 주의 가슴   ④ 주의 영광

60. 제사장들이 쓰는 관 전면 순금으로 만든 패 위에 새긴 글은 무엇입니까?
    ① 여호와께 성결   ② 여호와께 감사
    ③ 여호와께 찬양   ④ 여호와께 제사

61. 이스라엘이 광야에서 인구조사를 한 것은 몇 번입니까?
    ① 두 번   ② 세 번   ③ 네 번   ④ 다섯 번

62. 아론의 아들은 몇 명이며 이름은 무엇입니까?
    ① 1-아히라
    ② 2-엘리술, 나답
    ③ 3-나답, 나손, 아비후
    ④ 4-나답, 아비후, 엘르아살, 이다말

63. 시내 광야에서 다른 불을 드리다가 죽음을 당한 사람은 누구누구입니까?
    ① 나답, 엘르아살   ② 나손, 아비후
    ③ 나답, 아비후   ④ 나답, 이다말

64. 이스라엘이 광야 행진 중 제일선에서 행진한 지파는 어느 지파입니까?
    ① 유다   ② 베냐민   ③ 갓   ④ 아셀

65. 들어와도 복을 받고 나가도 복을 받는다는 축복과 저주를 기록한 말씀은 성경 어디에 있습니까?
    ① 창세기 50장   ② 신명기 28장
    ③ 출애굽기 20장   ④ 출애굽기 3장

66. 모세가 누구에게 "우리의 눈이 되리이다"라고 하였습니까?
    ① 게르솜   ② 납달리   ③ 아론   ④ 호밥

67. '다베라'의 뜻은 무엇입니까?
    ① 물에 빠뜨림.   ② 불사름   ③ 혼내 줌.   ④ 감사함

68. "오직 강하고 극히 담대하라"라고 하나님이 누구에게 말씀하셨습니까?
　① 아브라함　　　　　② 모세
　③ 여호수아　　　　　④ 엘리야

69. 요단 동쪽의 땅을 분배 받은 지파들은 어느 지파입니까?
　① 르우벤, 에브라임, 므낫세 반 지파
　② 르우벤, 갓, 므낫세 반 지파
　③ 르우벤, 납달리, 므낫세 반 지파
　④ 르우벤, 유다, 므낫세 반 지파

70. 이스라엘의 정치 제도는 무엇입니까?
　① 군왕정치 제도이다.　　② 의회정치 제도이다.
　③ 사사정치 제도이다.　　④ 신정정치 제도이다.

71. 가나안 땅에 들어가지 못한 자들에게서 제외된 사람들은 누구입니까?
　① 모세, 아론
　② 모세, 아론, 여호수아
　③ 여호수아, 갈렙, 당시 20세 이상
　④ 여호수아, 갈렙, 당시 20세 이하

72. 이스라엘의 아이성 점령 실패의 원인은 무엇입니까?
　① 병력의 부족으로　　　② 적의 전략을 몰랐기 때문에
　③ 죗값으로 당한 징벌　　④ 지리를 몰랐기 때문에

73. 안식일에 나무를 한 사람을 어떻게 다스렸습니까?
　① 공적으로 사과하게 하였다.　② 속죄제를 드렸다.
　③ 재산을 몰수하였다.　　　　④ 돌로 쳐 죽임을 당했다.

74. 진영 밖 정한 곳에 두어서 부정을 씻는 물을 위해 간직한 것은 무엇입니까?
    ① 어린 양
    ② 숫양
    ③ 비둘기
    ④ 암송아지의 재

75. 사람의 시체를 만진 자는 며칠 동안 부정합니까?
    ① 5일   ② 6일   ③ 7일   ④ 8일

76. 사람의 시체를 만져 부정하게 된 자는 무엇을 뿌려서 정결하게 해야 합니까?
    ① 소금   ② 비누
    ③ 숯   ④ 정결하는 하는 물

77. 아론은 어디에서 죽었으며, 후임은 누구입니까?
    ① 호르산, 나답   ② 호르산, 아비후
    ③ 호르산, 엘르아살   ④ 호르산, 이다말

78. 이스라엘을 저주할 것을 청탁한 사람과 청탁받은 사람이 바르게 짝지어진 것은 무엇입니까?
    ① 시혼-발람   ② 발람-발락
    ③ 옥-시혼   ④ 발락-발람

79. 이스라엘이 싯딤에서 염병으로 24,000명이나 죽게 된 까닭은 무엇입니까?
    ① 음행   ② 전쟁
    ③ 살인   ④ 거짓말

80. 싯딤에서 시므리와 고스비를 죽임으로써 하나님을 위하여 질투하여 이스라엘 자손을 속죄한 사람은 누구입니까?
    ① 여호수아   ② 갈렙   ③ 비느하스   ④ 엘리

81. 다음 중 하나님께서 가나안에 들어가기를 간구하는 모세에게 말씀하신 것으로 맞는 것은 무엇입니까?
    ① 회중을 인도하여 요단강을 건너가라.
    ② 네가 먼저 건너가서 가나안 땅을 밟으라.
    ③ 이 일을 놓고 기도만 아니라 제사를 드리라.
    ④ 비스가산에서 눈으로만 보고 요단은 건너지 못한다.

82. 마땅히 공의만을 따르는 사람이 얻을 복은 무엇입니까?
    ① 땅   ② 재물   ③ 건강   ④ 후손

83. 출애굽한 이스라엘이 요단강을 건넌 후에 처음으로 할례를 행하고 유월절을 지킨 곳은 어디입니까?
    ① 길갈   ② 세겜   ③ 여리고   ④ 실로

84. 도피성은 모두 몇 개입니까?
    ① 4개   ② 5개   ③ 6개   ④ 7개

85. 기드온의 별명은 무엇입니까?
    ① 여수룬   ② 여호야다   ③ 여룹바알   ④ 여호수아

86. '엔학고레'라는 이름의 뜻은 무엇입니까?
    ① 평안한 자의 샘   ② 열심 있는 자의 샘
    ③ 파는 자의 샘   ④ 부르짖은 자의 샘

87. 에브라임 산지 사람으로 신상을 만들고 유다 베들레헴의 레위인 소년을 자기 제사장으로 삼은 사람은 누구입니까?
   ① 마가   ② 미가   ③ 누가   ④ 요가

88. 엘리 제사장은 언제, 어떻게 죽었습니까?
   ① 여호와의 법궤가 빼앗겼다는 보고를 듣고 의자에서 쓰러져서 죽었다.
   ② 전장에서 싸우다가 피살되었다.
   ③ 전쟁에 패전하여 부하에게 죽임을 당했다.
   ④ 졸다가 다락에서 떨어져 죽었다.

89. 사무엘이 온 이스라엘을 향하여 한 고백은 무엇입니까?
   ① 항상 기뻐하겠다.
   ② 사울이 왕이 되면 이스라엘은 망할 것이다.
   ③ 기도하기를 쉬는 죄를 여호와 앞에 결단코 범하지 않겠다.
   ④ 왕이 세워지면 여호와의 말씀을 듣지 않아도 된다.

90. 다윗은 사울이 자신을 죽이려 할 때에 어떤 마음을 가지고 있었습니까?
   ① 원수 갚는 것을 하나님께 맡겼다.
   ② 사람을 시켜 원수를 갚으리라.
   ③ 자녀들로 사울의 집에 복수케 하리라.
   ④ 기회를 엿보다가 죽이겠다.

91. 다윗의 인구조사를 괘씸히 여기신 하나님께서는 이스라엘에게 내리실 벌을 다윗에게 제시하셨습니다. 다윗은 어떠한 벌을 선택했습니까?
   ① 삼 년 기근   ② 석 달 패함   ③ 삼 주 홍수   ④ 사흘 전염병

92. 솔로몬 왕의 어머니는 누구입니까?
    ① 사울의 딸 미갈
    ② 우리아의 아내였던 밧세바
    ③ 나발의 아내였던 아비가일
    ④ 그술 왕 달매의 딸 마아가

93. 솔로몬 왕이 백단목과 보석을 들여온 후 노래하는 자를 위하여 만든 악기는 무엇입니까?
    ① 소고와 제금   ② 수금과 비파
    ③ 나팔   ④ 현악

94. 솔로몬의 특별한 간구는 무엇이었습니까?
    ① 부귀영화를 주시어서 세계의 호화로운 거부의 나라가 되게 해 달라고
    ② 군대를 강하게 하여 이스라엘을 잘 다스리게 해 달라고
    ③ 하나님의 성전을 갖고 왕궁을 아름답게 건축하게 해 달라고
    ④ 지혜의 마음을 주어 재판을 올바로 하게 해 달라고

95. 남북 왕국이 분열된 후에 이스라엘은 무엇을 경배 대상으로 했습니까?
    ① 바알 신상을 섬겼다.
    ② 몰록신과 아스다롯신을 섬겼다.
    ③ 금송아지를 섬겼다.
    ④ 더욱 하나님을 잘 섬겼다.

96. 아사 왕은 아사랴의 예언을 듣고 선정을 베풀었으나, 나중에는 선견자 하나니의 경고를 받아들이지 않아 결국 병으로 죽고 맙니다. 말년에 병이 든 다음에 아사 왕이 의지한 것은 무엇입니까?
    ① 재물   ② 의원   ③ 선견자   ④ 여호와

97. 여호사밧이 아합으로 더불어 길르앗 라못을 치려고 할 때 아합의 죽음을 예언한 여호와의 선지자는 누구입니까?
    ① 아사랴   ② 하나니   ③ 시드기야   ④ 미가야

98. 브엘세바에서부터 에브라임 산지까지 민간에 두루 다니며 백성들을 여호와께로 돌아오게 한 유다 왕은 누구입니까?
    ① 아합   ② 여로보암   ③ 히스기야   ④ 여호사밧

99. 요아스는 여호와의 전을 중수하고도 제사장 여호야다가 죽은 후에 우상을 섬긴고로 신복들에 의해 죽임을 당하게 됩니다. 이런 일을 예견하고 경계하게 하는 여호와의 말씀을 전하다 죽임을 당한 선지자는 누구입니까?
    ① 엘리야   ② 스가랴   ③ 미가   ④ 하박국

100. 엘리야 때에 바알신에게 무릎 꿇지 아니한 자는 몇 명입니까?
    ① 5,000명   ② 3,000명   ③ 7,000명   ④ 2,000명

101. 남왕국(유다)의 어진 왕들은 누구입니까?
    ① 요시야, 히스기야   ② 르호보암, 아하스
    ③ 여호야긴, 시드기아   ④ 웃시야, 요담

102. 한센병(나병)에 걸려 죽은 왕은 누구입니까?
    ① 요시야   ② 히스기야   ③ 아하스   ④ 아사랴

103. 18세 때 왕위에 올라 악행을 일삼다가 쇠사슬로 결박당해 바벨론으로 끌려갔다가 37년 만에 돌아온 사람은 누구입니까?
    ① 므낫세   ② 아몬   ③ 여호아하스   ④ 여호야긴

104. 포로 귀환 후 성전건축 지도자는 누구였습니까?
    ① 스룹바벨, 예수아   ② 에스더, 느헤미야
    ③ 다니엘, 예수아   ④ 예수아, 에스더

105. 고레스 왕 원년에 내린 조서를 어떤 왕이 발견했습니까?
    ① 다리오   ② 벨사살   ③ 아닥사스다   ④ 느브갓네살

106. 느헤미야의 직책은 무엇이었습니까?
    ① 아닥사스다 왕의 수산 궁에서 빵 맡은 관원
    ② 총독
    ③ 술 관원
    ④ 창고지기

107. 느헤미야를 해하려고 뇌물을 받고 거짓 예언한 사람은 누구입니까?
    ① 산발랏   ② 도비야   ③ 스마야   ④ 엘리아십

108. 유대인의 포로 귀환 지도자는 누구입니까?
    ① 스룹바벨, 에스라, 학개   ② 느헤미야, 에스라, 에스겔
    ③ 스룹바벨, 에스라, 느헤미야   ④ 느헤미야, 에스라, 학개

109. 유대인들이 포로에서 돌아온 사실을 다룬 책은 어느 책입니까?
    ① 이사야, 예레미야, 학개   ② 에스라, 느헤미야
    ③ 다니엘, 말라기, 학개   ④ 이사야, 에스라, 학개

110. 바벨론에서 돌아온 유대인들이 범한 죄는 무엇입니까?
    ① 우상숭배   ② 이방 여인과 결혼
    ③ 불의를 행함   ④ 안식일 거역

111. 아하수에로 왕이 베푼 잔치자리에서 에스더가 왕에게 소청한 내용은 다음 중 어떤 것입니까?
    ① 죽으면 죽으리이다.
    ② 나라의 절반을 주옵소서.
    ③ 내 생명을 내게 주시고 내 민족을 내게 주소서.
    ④ 나를 살려 주옵소서.

112. 욥의 친구들이 한 말의 공통점은 무엇입니까?
    ① 수난은 범죄의 결과다.
    ② 의인이 수난당하는 수도 있다.
    ③ 수난은 우연한 일이다.
    ④ 당하는 수난에 감사하라.

113. 다음 중 욥이 받은 시험이 아닌 것은 무엇입니까?
    ① 자녀의 죽음   ② 재물이 없어짐
    ③ 하나님의 저주   ④ 몸의 병고

114. 메시야의 탄생에 대한 예언은 어디에 있습니까?
    ① 이사야 53 : 1   ② 미가 5 : 2
    ③ 이사야 1 : 23   ④ 레위기 6 : 4

115. 다음 시편 중 다윗의 회개시는 어느 것입니까?
    ① 시편 6, 32, 36, 51편   ② 시편 23, 55, 100, 118편
    ③ 시편 1, 15, 119, 150편   ④ 시편 8, 19, 29, 104편

116. 주의 장막에 머무를 자의 자격이 아닌 것은 무엇입니까?
    ① 정직하게 행하며   ② 공의를 실천하며
    ③ 그의 마음에 진실을 말하며 ④ 피 흘리기를 즐기는 자

117. 시편 중 연수의 자랑은 수고와 슬픔뿐이라고 언급된 곳은 어디입니까?
    ① 90편　　　　　　　　② 31편
    ③ 34편　　　　　　　　④ 109편

118. 시편 144 : 4에서 사람은 헛것 같고 그의 날은 무엇과 같다고 했습니까?
    ① 흘러가는 배　　　　　② 지나가는 그림자
    ③ 지는 해　　　　　　　④ 굴러가는 낙엽

119. 다음 중 음녀의 입술에 대한 설명으로 맞지 않는 것은?
    ① 꿀을 떨어뜨림　　　　② 기름보다 미끄러움
    ③ 쑥같이 씀　　　　　　④ 샘에 흐르는 물

120. 게으른 자는 어떤 것에게 가서 그가 하는 것을 보고 지혜를 얻으라고 했습니까?
    ① 노루　　② 새　　③ 개미　　④ 벌

121. 다음 중 게으른 자의 독백이 아닌 말은 무엇입니까?
    ① 좀더 자자.　② 좀더 먹자.　③ 좀더 졸자.　④ 좀더 누워 있자.

122. "어리석은 자는 온갖 (　　)을 믿으나 슬기로운 자는 자기의 (　　)을 삼가느니라"
    ① 말, 행동　　② 사람, 대적　　③ 이웃, 이웃　　④ 대답, 입

123. "마른 떡 한 조각만 있고도 (　　)하는 것이 (　　)이 집에 가득하고도 다투는 것보다 나으니라"
    ① 희락, 재물　　② 화목, 제육　　③ 기뻐, 우환　　④ 감사, 식물

124. 제사를 드리는 것보다 여호와께서 기쁘게 여기시는 것은 무엇입니까?
    ① 공의와 정의를 행하는 것   ② 봉사하는 것
    ③ 정직한 저울을 쓰는 것   ④ 가난한 자를 돌보는 것

125. 진주보다 더한 값진 여인은 어떤 여인입니까?
    ① 지혜로운   ② 현숙한   ③ 온순한   ④ 믿음 있는

126. 전도서의 내용은 무엇입니까?
    ① 세상만사가 헛됨을 기록하는 비관론
    ② 솔로몬의 일생의 회고록임
    ③ 다윗의 새로운 깨달음을 기록한 책
    ④ 하나님을 경외하고 그에게 순종함이 헛됨을 면하는 길임을 보여 줌

127. 아가서의 중심사상은 무엇입니까?
    ① 남녀의 애정을 노골적으로 묘사
    ② 그리스도와 성도의 애정 묘사
    ③ 솔로몬과 그 아내의 애정 묘사
    ④ 다윗과 그 아내의 애정 묘사

128. '아가'란 무엇을 말합니까?
    ① 지혜로운 노래   ② 슬픈 노래
    ③ 노래 중의 노래   ④ 기쁜 노래

129. 이사야 선지자의 예언 속에 포함되지 않은 것은 무엇입니까?
    ① 악인에 대한 경고   ② 영원불멸의 삶
    ③ 앗수르의 멸망   ④ 이스라엘의 멸망

130. 이사야의 예언 범위는 어떤 것입니까?
    ① 열국에 관해서도 예언했다.
    ② 이스라엘에 관해서만 예언했다.
    ③ 유다에 관해서만 예언했다.
    ④ 이스라엘과 유다에 관해서만 예언했다.

131. 이사야 53장에서는 메시야를 어떤 짐승으로 비유했습니까?
    ① 염소   ② 양   ③ 독수리   ④ 비둘기

132. 메시야께서 병자를 고치실 것을 예언한 선지자는 누구입니까?
    ① 다니엘   ② 예레미야   ③ 이사야   ④ 에스겔

133. 이사야가 소명 받은 기록은 어디에 있습니까?
    ① 이사야 1장 ② 이사야 3장 ③ 이사야 5장 ④ 이사야 6장

134. 새 하늘과 새 땅의 창조에 대한 예언은 이사야 몇 장에 기록되어 있습니까?
    ① 64장   ② 65장   ③ 66장   ④ 67장

135. 이사야는 메시야에 대하여 무엇을 예언했습니까?
    ① 출생에 대해서
    ② 고난과 부활에 대해서
    ③ 출생과 수난과 부활에 대해서
    ④ 생애에 대해서

136. 하나님께서 부르셨을 때 "나는 아이라 말할 줄을 알지 못하나이다"라고 말한 선지자는 누구입니까?
    ① 예레미야   ② 이사야   ③ 엘리야   ④ 엘리사

137. 예레미야가 유다의 멸망과 회개를 예언하자 반응은 어떠했습니까?
    ① 백성과 왕이 모두 듣지 않았다.
    ② 백성이 다 듣고 통회 자복했다.
    ③ 왕이 잘 듣고 큰 회개운동을 일으켰다.
    ④ 백성과 왕 모두 베옷을 입고 회개하였다.

138. 예레미야애가는 무엇을 슬퍼하여 쓴 것입니까?
    ① 다윗의 죽음
    ② 이스라엘의 분열
    ③ 이스라엘의 부패
    ④ 예루살렘의 함락

139. 예레미야는 예루살렘의 멸망에 대하여 무엇을 했습니까?
    ① 예고만 했다.
    ② 친히 멸망을 목도했다.
    ③ 환상 중 멸망을 보았다.
    ④ 멸망을 예고하고 산으로 피하였다.

140. 예레미야는 예루살렘이 함락된 후 어떻게 되었습니까?
    ① 바벨론으로 잡혀갔다.
    ② 유대를 끝까지 지키고 있었다.
    ③ 나중에 애굽으로 갔다.
    ④ 산속으로 피하였다.

141. 에스겔이 이상 중에 본 네 생물의 형상이 아닌 것은 무엇입니까?
    ① 사자   ② 독수리   ③ 소   ④ 염소

142. 여호와께서 에스겔에게 "네 입을 벌리고 주는 것을 먹으라"고 하셨습니다. 주는 것은 무엇입니까?
    ① 꿀   ② 두루마리 책   ③ 쓴 나물   ④ 부정한 벌레

143. 에스겔이 좌우편으로 누워 예언한 날 수는 며칠이며, 예언하는 동안 무슨 불로 떡을 구워 먹었습니까?
    ① 365, 40, 장작   ② 390, 40, 쇠똥
    ③ 365, 90, 기름   ④ 390, 90, 마른 풀

144. 다음 중 에스겔이 삭도로 머리털과 수염을 깎아서 삼분의 일씩 처리한 것이 아닌 것은 무엇입니까?
    ① 불사름   ② 칼로 침   ③ 바람에 흩음   ④ 물에 띄움

145. 에스겔은 하나님께서 이스라엘에 삼분의 일씩 내리는 재앙에 대하여 예언하였습니다. 다음 중 아닌 것은 어느 것입니까?
    ① 유황불로 타 죽음
    ② 전염병으로 죽으며 기근으로 멸망함
    ③ 칼에 엎드러짐
    ④ 사방에 흩어 버리고 또 그 뒤를 따라 칼을 뺌

146. 자기 심령을 따라 예언하는 어리석은 선지자를 일컫는 것이 아닌 것은 무엇입니까?
    ① 허탄한 묵시를 보는 자   ② 황무지에 있는 여우
    ③ 묵시 예언자   ④ 회칠하는 자

147. 에스겔이 허리가 끊어지는 듯이 슬피 탄식하며 예언한 재앙은 무엇입니까?
    ① 칼   ② 기근   ③ 전염병   ④ 짐승

148. 칠 일 동안 제단을 위하여 매일 염소 하나를 갖추어 드리는 제사는 어떤 제사입니까?
    ① 속죄제   ② 속건제   ③ 화목제   ④ 소제

149. 다니엘과 그의 친구들이 언제, 바벨론 왕 누구에게 사로잡혀 갔습니까?
    ① 유다 여호야김 왕 3년, 느부갓네살
    ② 이스라엘 여호야김 왕 3년, 느부갓네살
    ③ 이스라엘 여호야김 왕 3년, 다리오
    ④ 유다 여호야김 왕, 다리오

150. 다니엘은 왕에게 은밀한 것을 나타내실 이는 누구라고 했습니까?
    ① 지식이 있는 자   ② 하늘에 계신 하나님
    ③ 꿈을 많이 꾸는 자   ④ 기도 많이 하는 자

151. 느부갓네살이 다니엘의 세 친구를 풀무불에 넣었을 때 풀무불 속에는 몇 사람이 있었습니까?
    ① 세 사람   ② 두 사람
    ③ 다섯 사람   ④ 네 사람

152. 느부갓네살 왕이 왜 짐승처럼 풀을 뜯어 먹고 살아야 했습니까?
    ① 음란하여   ② 교만하여
    ③ 싸움을 잘하여   ④ 정신적 고통으로

153. 다니엘이 본 네 짐승은 각각 무엇과 같다고 했습니까? 다음 중 아닌 것은 무엇입니까?
    ① 사자   ② 곰   ③ 표범   ④ 악어

154. 다니엘이 벨사살 왕 3년에 두 뿔 가진 숫양과 숫염소의 이상을 보았는데 이것은 무엇을 의미하는 것입니까?
   ① 숫양-메대와 바사 왕들, 숫염소-헬라 왕
   ② 숫양-헬라 왕, 숫염소-바벨론 왕
   ③ 숫양-바벨론 왕, 숫염소-애굽 왕
   ④ 숫양-애굽 왕, 숫염소-메대와 바사 왕들

155. 다니엘에게 두 뿔 가진 숫양과 숫염소의 이상을 깨닫게 한 자는 누구입니까?
   ① 사드락   ② 미가엘   ③ 가브리엘   ④ 메삭

156. 다니엘이 벨사살 왕 3년에 두 뿔 가진 숫양과 숫염소의 이상을 본 강변은 어디입니까?
   ① 유브라데   ② 을래   ③ 그발   ④ 나일

157. 숫염소의 큰 뿔은 무엇을 의미합니까?
   ① 첫째 왕   ② 가장 좋은 왕
   ③ 가장 마지막 왕   ④ 가장 인상 좋은 왕

158. 예루살렘을 중건하라는 영이 날 때부터 기름 부음을 받은 자, 곧 왕이 일어나기까지의 시간은 얼마입니까?
   ① 일곱 이레가 지나감.   ② 육십이 이레가 지나감.
   ③ 칠십 이레가 지나감.   ④ 일곱 이레와 예순두 이레가 지나감.

159. 땅의 티끌 가운데에서 자는 자 중에서 많은 사람이 깨어나 영생을 받는 자도 있겠고 수치를 당하여서 영원히 부끄러움을 당할 자도 있을 것이라는 예언이 기록된 책은 어디입니까?
   ① 오바댜   ② 호세아   ③ 다니엘   ④ 아모스

160. 대환난 때에 하나님의 백성을 호위하는 군주는 누구입니까?
    ① 루시퍼   ② 다니엘   ③ 미가엘   ④ 남방 왕

161. 다음은 호세아 자녀들의 이름입니다. 이름과 뜻이 같은 것을 찾아 연결하세요.
    ① 이스르엘 •   • ㉠ 내 백성이 아니다.
    ② 로루하마 •   • ㉡ 긍휼히 여김을 받지 못하는 자
    ③ 로암미 •   • ㉢ 골짜기, 여호와가 씨를 뿌리신다.

162. 요엘서의 여호와의 날은 무엇입니까?
    ① 승리의 날 ② 회개의 날 ③ 심판의 날 ④ 구원의 날

163. 요엘서의 예언은 무엇입니까?
    ① 이스라엘의 회복을 예고했다.
    ② 신약시대의 성령강림은 예고하지 않았다.
    ③ 열국의 심판을 예고했다.
    ④ 예수 그리스도의 탄생을 예고했다.

164. "오직 정의를 물같이 공의를 마르지 않는 강같이 흐르게 할지어다"라고 한 성구는 어디에 기록되어 있습니까?
    ① 아모스 4 : 24   ② 아모스 5 : 24
    ③ 아모스 7 : 3   ④ 아모스 3 : 7

165. 다음 성구는 누가 말한 것입니까?
    "양식이 없어 주림이 아니며 물이 없어 갈함이 아니요 여호와의 말씀을 듣지 못한 기갈이라."
    ① 이사야   ② 예레미야   ③ 요엘   ④ 아모스

166. 오바댜서의 내용은 무엇입니까?
　　① 모압의 멸망을 예고한 것　　② 에돔의 멸망을 예고한 것
　　③ 블레셋의 멸망을 예고한 것　　④ 이스라엘의 멸망을 예고한 것

167. 요나서에서 하나님께서는 니느웨성에 좌우를 분변하지 못하는 자의 수가 몇 명이라고 하셨습니까?
　　① 40만여 명　　② 30만여 명　　③ 22만여 명　　④ 12만여 명

168. 메시야의 탄생지점을 예고한 성구는 어디입니까?
　　① 미가 2 : 5　　② 미가 5 : 2　　③ 미가 2 : 15　　④ 미가 7 : 1

169. 나훔서의 예언은 무엇입니까?
　　① 이스라엘의 멸망에 대한 경고문이다.
　　② 유다에 대한 경고문이다.
　　③ 니느웨에 대한 경고문이다.
　　④ 에돔에 대한 경고문이다.

170. "의인은 그의 믿음으로 말미암아 살리라"라는 성구는 어디입니까?
　　① 하박국 2 : 4　　② 하박국 3 : 10
　　③ 하박국 1 : 3　　④ 하박국 2 : 1

171. 스바냐는 여호와의 날이 가깝다고 하였는데 그 날을 설명한 것이 아닌 것은 무엇입니까?
　　① 분노의 날　　② 어둠의 날　　③ 패망의 날　　④ 창조의 날

172. 학개 선지자가 강조한 것은 무엇입니까?
　　① 각자의 집을 지을 것　　② 우상숭배를 버릴 것
　　③ 이방 여인들을 버릴 것　　④ 예루살렘 성전재건

173. 스가랴가 본 '두 감람나무'는 무엇입니까?
   ① 예수와 세례 요한이다.   ② 여호수아와 스룹바벨이다.
   ③ 모세와 엘리야이다.   ④ 엘리야와 엘리사이다.

174. 말라기 선지자부터 세례 요한까지는 약 몇 년의 차이가 있습니까?
   ① 약 400년   ② 약 900년   ③ 약 1,000년   ④ 약 1,500년

175. 다음은 말라기 선지자에 관한 것을 기록한 것입니다. 틀린 설명은 무엇입니까?
   ① '말라기'의 뜻은 '나의 사자'란 뜻이다.
   ② 말라기 선지자는 메시야와 메시야 왕국에 대한 메시지를 전했다.
   ③ 말라기 선지자는 제사장들과 백성들의 회개를 촉구한 선지자이다.
   ④ 말라기는 성전건축에 관한 메시지를 전한 선지자이다.

176. 다음 사건과 관련되는 것을 찾아 바르게 연결하세요.
   ① 홍해   •   • ㉠ 노아
   ② 포도원   •   • ㉡ 야곱
   ③ 실로   •   • ㉢ 모세
   ④ 하늘에 닿은 사다리   •   • ㉣ 여호수아
   ⑤ 벽에 글씨   •   • ㉤ 사무엘
   ⑥ 살구나무   •   • ㉥ 나봇
   ⑦ 여리고성   •   • ㉦ 삼손
   ⑧ 사자굴   •   • ㉧ 예레미야
   ⑨ 홍수   •   • ㉨ 다니엘
   ⑩ 나귀턱뼈   •   • ㉩ 벨사살

177. 요엘은 하나님이 어디에서 만국을 모아 심문하겠다고 하셨습니까?
① 시온　　　　　　② 예루살렘
③ 아골 골짜기　　　④ 여호사밧 골짜기

178. 다음 (　) 안에 들어갈 지명을 보기에서 고르세요.
"(　)에 가서 부끄러운 우상에게 몸을 드림으로 저희가 사랑하는 우상같이 가증하여졌도다"(호 9 : 10).
① 바알브올　　　② 에브라임
③ 길르앗　　　　④ 사마리아

179. 오바댜의 묵시는 어디에 대한 것입니까?
① 이스라엘　　　② 에브라임
③ 에돔　　　　　④ 시온

180. 발락은 어느 나라 왕입니까?
① 모압　② 에돔　③ 블레셋　④ 가나안

181. 유다의 웃시야 왕 때 이스라엘은 어느 왕이 있었습니까?
① 여호사밧　② 여호야긴　③ 여로보암　④ 르호보암

182. 다음은 누가 누구에게 한 말입니까?
"선견자야 너는 유다 땅으로 도망하여 가서 거기에서나 떡을 먹으며 거기에서나 예언하고 다시는 벧엘에서 예언하지 말라"(암 7 : 10 -17).
① 여로보암-아모스　　② 아마샤-아모스
③ 아마샤-거짓 선지자　④ 백성-아모스

183. "(　) 족속은 불이 될 것이며 (　) 족속은 불꽃이 될 것이요 (　) 족속은 지푸라기가 될 것이라"(옵 1장).
① 이삭-야곱-에서　　② 아브라함-이삭-이스마엘
③ 야곱-에서-유다　　④ 야곱-요셉-에서

184. 다음 중 미가와 아무런 관련이 없는 왕을 고르세요.
① 요담　② 므낫세　③ 아하스　④ 히스기야

185. 다음 중 바다의 고기, 낚시, 그물, 투망 등의 말을 사용한 선지자는 누구입니까?
① 나훔　② 하박국　③ 스바냐　④ 스가랴

186. 다음 중에서 스바냐의 조상이 아닌 사람을 고르세요.
① 히스기야　② 아마랴　③ 그다랴　④ 요시야

187. 학개로 인하여 여호와의 말씀을 받은 사람은 누구입니까?
① 스룹바벨　② 스알이엘　③ 여호사락　④ 여수룬

188. "너희가 그 산 골짜기로 도망하되 유다 왕 (　) 때에 지진을 피하여 도망하던 것같이 하리라"(슥 14장).
① 아합　② 므낫세　③ 웃시야　④ 오므리

189. 요나는 물고기 뱃속에서 며칠 있었습니까?
① 이틀　② 사흘　③ 나흘　④ 닷새

190. 다음 중 요나와 관련이 없는 것은 무엇입니까?
① 물고기 배　② 박넝쿨　③ 벌레　④ 무화과나무

191. 하나님이 박넝쿨을 예비하셔서 요나 머리 위에 그늘지게 하셨다가 벌레로 하여금 박넝쿨을 갉아먹게 하신 이유는 무엇입니까?
    ① 요나를 놀래 주려고
    ② 요나를 시원하게 해 주려고
    ③ 하나님이 니느웨를 구하신 뜻을 알게 하시려고
    ④ 요나의 믿음을 시험하시려고

192. 미가는 무엇을 지혜라고 했습니까?
    ① 주의 이름을 경외하는 것   ② 주의 은혜를 사모하는 것
    ③ 주의 말씀을 따르는 것   ④ 이웃을 사랑하는 것

193. 다음 중 나훔과 요나의 공통점은 무엇입니까?
    ① 같은 지역 출신   ② 동시대 인물
    ③ 니느웨와 관련 있음   ④ 하나님의 말씀 거역

194. 스바냐는 어느 시대 사람입니까?
    ① 히스기야   ② 아합   ③ 요시야   ④ 여로보암

195. 학개가 여호와의 말씀을 받은 것은 어느 시기입니까?
    ① 요시야   ② 히스기야   ③ 느부갓네살   ④ 다리오

196. 스가랴와 학개의 공통점은 무엇입니까?
    ① 활동무대   ② 활동시기   ③ 출생지   ④ 예언의 내용

197. 여호와께서 에서는 미워하고 야곱은 사랑하셨다는 사실을 분명하게 밝히고 있는 책은 어느 책입니까?
    ① 스가랴   ② 스바냐   ③ 하박국   ④ 말라기

198. 다음은 어느 시대에 누가 한 말입니까?
　　"시온은 갈아엎은 밭이 되고 예루살렘은 무더기가 되고 성전의 산은 수풀의 높은 곳이 되리라"(미 3장).
　　① 여호야김 시대-예레미야　② 여호야다 시대-미가
　　③ 히스기야 시대-미가　　　④ 요시야 시대-예레미야

199. 다음 명칭과 그 뜻이 맞게 연결하세요.
　　① 임마누엘　　　　　·　·　㉠ 노략이 속함.
　　② 스알야숩　　　　　·　·　㉡ 하나님이 우리와 함께 계시다.
　　③ 마헬살랄하스바스　·　·　㉢ 남은 자가 돌아오리라.

200. 다음 빈칸에 들어갈 사람은 누구입니까?
　　"보라 여호와의 크고 두려운 날이 이르기 전에 내가 선지자 (　　)를 너희에게 보내리니"(말 4장).
　　① 모세　　　　　② 엘리야
　　③ 아브라함　　　④ 엘리사

3_ 신약성경 문제 | 주관식

1. 신약성경을 4가지로 구분하면 무엇입니까?

+ **복음서 문제(2 - 70번)** +

2. 공관복음은 어느 책을 말합니까?

3. 마태복음 1장에는 예수님의 족보가 나옵니다. 족보 중에 나오는 여자를 모두 쓰세요.

4. '임마누엘'이란 무슨 뜻입니까?

5. 요한의 세례는 무엇으로, 예수님의 세례는 무엇으로 베푸십니까?

6. 예수님이 성령에게 이끌리어 마귀에게 광야에서 시험받으실 때, 마귀가 시험한 3가지 말이 마태복음에는 무엇이라 기록되어 있습니까?

①
②
③

7. 예수님이 성령에게 이끌리어 마귀에게 광야에서 시험받으실 때, 마귀에게 대답한 3가지 말씀이 마태복음에는 무엇이라 기록되어 있습니까?
    ①
    ②
    ③

8. 산상수훈에 복이 있는 사람은 누구이며, 그들이 받게 될 복은 무엇입니까?
    ①
    ②
    ③
    ④
    ⑤
    ⑥
    ⑦
    ⑧

9. 예수님은 "이것을 폐하러 온 줄로 생각하지 말라 폐하러 온 것이 아니요 완전하게 하려 한다"고 하셨습니다. 이것은 무엇입니까?

10. 주님이 가르치신 기도문은 성경 어디에 있습니까?

11. 보물을 어디에 쌓아두면 좀이나 동록이 해하지 못하며 도둑질도 못합니까?

12. '황금률'이라 불리는 마태복음의 말씀은 몇 장 몇 절이며, 그 내용은 무엇입니까?

13. "이스라엘 중 아무에게서도 이만한 믿음을 보지 못하였노라"고 예수님이 칭찬한 사람은 누구입니까?

14. 마태의 직업은 무엇입니까?

15. 예수님의 겉옷 가를 만져 병이 나은 여자는 어떤 병을 얼마 동안 앓고 있었습니까?

16. 예수님의 12제자의 이름을 써 보세요.

17. 세례 요한이 먹지도 않고 마시지도 않는 모습을 보고 유대인들은 무엇이라고 말했습니까?

18. 이 세상과 오는 세상에서도 사하심을 얻지 못하는 것은 무엇입니까?

19. 마태복음 13장에는 하나님 나라에 대한 일곱 가지 비유가 나옵니다. 일곱 가지 비유의 제목을 쓰세요.
    ① ②
    ③ ④
    ⑤ ⑥
    ⑦

20. 예수님의 형제들을 써 보세요.

21. 마음에서 나와 사람을 더럽게 하는 것 7가지는 무엇입니까?

22. 바리새인의 누룩을 주의하라는 말씀에서 누룩은 마태복음과 누가복음에서는 각각 무엇입니까?

23. 마태복음과 마가복음에 나오는 베드로의 신앙고백을 각각 써 보세요.

24. 예수님이 세 명의 제자와 함께 높은 산에 올라가셨을 때, 변형되시고 제자가 아닌 두 사람과 더불어 말씀을 나누셨습니다. 누구누구입니까?

25. 예수님도 성전세를 내셨습니다. 얼마를 내셨습니까?

26. 천국에서 큰 사람은 어떤 사람입니까?

27. 베드로가 예수님께 "형제가 내게 죄를 범하면 몇 번이나 용서하여 주리이까"라고 물었을 때 예수님의 대답은 무엇입니까?

28. 이혼 문제에 대한 예수님의 말씀입니다. 모세가 이혼증서를 주라 한 이유는 무엇입니까?

29. 율법사가 예수님을 시험하여 "율법 중에서 어느 계명이 큽니까?"라고 물었을 때 예수님의 대답은 무엇입니까?

30. "주의 임하심과 세상 끝에는 무슨 징조가 있습니까?"라는 제자들

의 질문에 재난의 여러 가지 징조에 대하여 말씀하신 후 예수님은 어떤 사람이 구원을 얻는다고 말씀하셨습니까?

31. 한 여자가 매우 귀한 향유 한 옥합을 가지고 와서 식사하시는 예수님의 머리에 부은 사건이 일어난 장소는 어디입니까?

32. 가룟 유다는 대제사장들에게 예수님을 얼마에 넘겼습니까?

33. 유월절에 예수님 대신에 석방된 사람은 누구입니까?

34. '골고다'의 뜻은 무엇입니까?

35. 복음서에 기록된 십자가 위에서 주님이 남긴 7가지 말씀, 즉 가상 칠언은 무엇입니까?
    ①
    ②
    ③
    ④
    ⑤
    ⑥
    ⑦

36. 다음에 대하여 서로 관계있는 것끼리 연결하세요.
    ① 메시야 • • ㉠ 베들레헴
    ② 예수님이 자라신 곳 • • ㉡ 그리스도
    ③ 예수님이 태어나신 곳 • • ㉢ 나사렛

37. 마음속에서 나오는 열두 가지 악한 것을 적으세요.

38. 여리고성에서 만난 시각장애인의 이름은 무엇입니까?

39. 큰 계명의 내용은 무엇입니까?

40. 로마 군인들이 예수님을 끌고 들어가서 온 군대를 모으고 희롱한 곳은 어디입니까?

41. 마가복음에서 부활하신 예수님을 처음 만난 사람은 누구입니까?

42. 세례 요한의 부모의 이름은 각각 무엇입니까?

43. 예수님의 탄생 당시 로마의 황제는 누구였습니까?

44. 예수님의 탄생 당시 수리아의 총독은 누구였습니까?

45. 예수님께 수종 들던 요안나는 누구의 아내였습니까?

46. 실로암 망대가 무너져 죽은 사람은 몇 명입니까?

47. "내가 보니 이 사람에게 죄가 없도다", "이 사람이 무슨 악한 일을 하였느냐", "너희가 무슨 일로 이 사람을 고발하느냐"라고 말한 사람은 누구입니까?

48. 예수님의 십자가를 대신 지고 간 사람은 누구입니까?

49. 회개하는 강도에게 하신 주님의 말씀은 무엇입니까?

50. 예수께서 참으로 이스라엘 사람이라고 한 사람은 누구입니까?

51. 예수님은 누구에게 "사람이 거듭나지 아니하면 하나님의 나라를 볼 수 없다"고 하셨습니까?

52. 사마리아의 수가라 하는 동네에서 물을 길으러 나온 여자는 이 우물을 조상 누구로부터 받았다고 했습니까?

53. 예수님은 간음하던 여자를 잡아온 사람들에게 어떤 말씀을 하셨습니까?

54. '실로암'이란 어떤 뜻입니까?

55. 예수께서 죽은 자를 살리신 일은 복음서에 몇 번이며, 누구인지 모두 쓰세요.

56. 새 계명은 무엇입니까?

57. 예수께서 눈물을 흘리신 기록은 복음서에 두 번 나오는데 한 번은 사람 때문이요, 한 번은 장소 때문입니다. 누구이며, 어디입니까?

58. 베드로가 칼로 귀를 벤 대제사장의 종의 이름은 무엇입니까?

59. 예수님의 시체를 장사 지낸 사람은 누구누구입니까?

60. 요한복음(성경)이 기록된 목적은 무엇입니까?

61. 부활하신 주님이 디베랴 호수에서 베드로에게 세 번 물으신 것은 무엇입니까?

62. 요한복음에는 예수님이 자신을 칭하신 7가지 말씀이 나옵니다. 무엇인지 모두 쓰세요.
    ①   ②
    ③   ④
    ⑤   ⑥
    ⑦

63. 예수님의 이적 중 4복음서에 모두 기록되어 있는 이적은 무엇입니까?

64. 다음 말을 읽고 옳은 것에 ○표, 틀린 것에 ×표를 하세요.
    ① 예수께서 고향 사람들에게 환영을 받으셨다. (   )
    ② 예수님의 육체적인 형제들은 야고보, 요셉, 베드로, 시몬이다. (   )
    ③ 선지자는 자기 고향과 자기 집 외에서는 존경을 받는다. (   )
    ④ 예수께서는 제자들을 파송하실 때에 세 명씩 보내셨다. (   )
    ⑤ 전도여행을 할 때 지팡이만 가지고 가지 말라 하셨다. (   )
    ⑥ 제자들을 영접하지도 아니하고, 듣지도 아니하거든 조용히 떠나라고 말씀하셨다. (   )
    ⑦ 헤롯은 형수에게 장가든 왕이다. (   )
    ⑧ 헤롯은 요한의 책망을 들을 때 크게 번민을 하면서도 달갑게 들었다. (   )
    ⑨ 헤로디아의 딸은 춤을 춘 대가로 예수의 머리를 원했다. (   )

※ 다음 성경구절의 (   ) 안에 알맞은 답을 쓰세요(65-70번).

65. "그러므로 너희가 선지자 다니엘이 말한 바 멸망의 가증한 것이 (   )에 선 것을 보거든 (읽는 자는 깨달을진저) 그때에 유대에 있는 자들은 산으로 도망할지어다"

66. 세례 요한은 예수보다 (   ) 달 먼저 태어났는데, 어머니 엘리사벳과 예수의 모친 마리아와는 (   ) 사이이다.

67. 예수는 낳은 지 8일 만에 (   )를 행하고, 12살 때에 처음으로 (   )에 참예하였습니다.

68. 성전에서 아기 예수를 보고 기뻐한 노인은 (   )과 (   )입니다.

69. "제자가 그 선생보다 높지 못하나 무릇 (   )하게 된 자는 그 선생과 같으니라"

70. "(   )의 성령이 오시면 그가 너희를 모든 (   ) 가운데로 인도하시리니 그가 스스로 말하지 않고 오직 들은 것을 말하며 장래 일을 너희에게 알리시리라"

✛ **사도행전 문제(71 - 102번)** ✛

71. 사도행전과 누가복음은 같은 글이라고 하는데 그 저자는 누구이며, 수신자는 누구입니까?

72. 예수님이 승천하시기 전에 분부하신 말씀은 무엇입니까?

73. 오순절에 모여 있던 제자들이 들은 소리는 무엇이며, 본 것은 무엇입니까?

74. 베드로와 요한이 성전에 올라가던 중 나면서 못 걷게 된 이가 구걸하는 것을 보고 일어나 걸어가게 했던 것은 언제, 어디에서 일어난 이적입니까?

75. 성령을 속인 죄로 죽은 부부는 누구입니까?

76. 초대교회에서 처음 집사를 선택할 때의 기준은 무엇입니까?

77. 사도들이 집사를 세워 그들에게 일을 맡기고 자신들은 무엇에 힘쓰겠다고 했습니까?

78. 초대교회 일곱 집사 이름을 써 보세요.

79. 스데반 집사가 공회 앞에서 했던 마지막 설교는 성경 어디에 나옵니까?

80. 빌립이 예루살렘에서 가사로 내려가는 길에서 만나 세례를 준 사람은 누구입니까?

81. 베드로가 룻다에서 고친 사람은 누구이며, 어떤 병에 걸려 있었습니까?

82. 욥바에서 베드로가 다시 살린 사람으로, 선행과 구제하는 일이 심히 많아 칭송을 받은 사람은 누구입니까?

83. 최초의 이방교회인 안디옥 교회에 예루살렘으로부터 보내진 첫 사역자는 누구입니까?

84. 제자들이 처음으로 '그리스도인'이라 불리운 곳은 어디입니까?

85. 안디옥 교회가 파송한 첫 선교사는 누구입니까?

86. 사도행전 15장에 무슨 기록이 있습니까?

87. 바울, 바나바와 함께 1차 전도여행 때 함께 동행한 사람이었으나 전도여행 도중 돌아갔던 일로 인해, 2차 전도여행을 시작할 때 두 사람이 심하게 다투게 된 원인을 제공한 사람은 누구입니까?

88. 드로아에서 바울은 밤에 "건너와서 우리를 도우라"는 환상을 보았는데 어디 사람입니까?

89. 아덴에서 바울과 쟁론했던 두 철학자는 누구입니까?

90. 바울이 고린도에서 만난 사람으로 바울처럼 천막 만드는 일을 했던 사람은 누구입니까?

91. 바울이 머리를 깎았던 곳은 어디입니까?

92. 에베소에서 바울을 흉내 내며 귀신을 쫓다가 혼이 난 사람은 누구입니까?

93. 설교 시간에 졸다가 3층에서 떨어져 죽었다가 다시 살아난 청년은 누구입니까?

94. 바울이 에베소 장로들을 청하여 작별인사를 한 곳은 어디입니까?

95. 빌립의 딸이었으며 처녀로 예언하던 자는 모두 몇 명입니까?

96. 바울이 3차 전도여행 후 예루살렘에 이르러 만난 초대교회의 지도자는 누구입니까?

97. 바울이 예루살렘에서 죽게 될 형편을 바울에게 알린 사람은 누구입니까?

98. 바울이 로마로 갈 때 탄 배의 이름은 무엇이며, 몇 명이나 탔습니까?

99. 바울이 독사에게 물렸던 곳은 어디입니까?

100. 다음 여인들의 남편 이름을 쓰세요.
    ① 엘리사벳 :   ② 마리아 :
    ③ 삽비라 :   ④ 브리스길라 :
    ⑤ 다말 :   ⑥ 헤로디아 :

101. 다음 낱말의 뜻을 쓰세요.
    ① 고르반 :   ② 에바다 :
    ③ 아겔다마 :   ④ 예수 :
    ⑤ 달리다굼 :   ⑥ 임마누엘 :

※ 다음 성경구절의 (   ) 안에 알맞은 답을 쓰세요(102번).

102. "그가 도살자에게로 가는 (   )과 같이 끌려갔고 털 깎는 자 앞에 있는 (   )이 조용함과 같이 그의 입을 열지 아니하였도다"

+ 서신서 및 계시록 문제(103-200번) +

103. 바울이 로마서에서 유대인의 나음과 할례의 유익이 무엇인지를 논하면서 첫째로 언급한 것은 무엇입니까?

104. 죄는 누구로부터 왔습니까? 그리고 은혜는 누구로부터 옵니까?

105. 죄의 삯은 무엇이며, 하나님의 은사는 무엇입니까?

106. 우리 속에 무엇이 있어야 그리스도의 사람이 된다고 합니까?

107. 위에 있는 모든 권세는 누구로부터 온 것입니까?

108. 겐그리아 교회의 일꾼으로 바울의 추천을 받아 로마 교회를 방문한 사람으로, 바울이 그를 가리켜 여러 사람과 나의 보호자가 되었다고 일컬은 사람은 누구입니까?

109. 고린도 교회의 분쟁은 교인들이 각자 누구에게 속한다고 하여 편이 나뉘었기 때문입니다. 각각 누구입니까?

110. 십자가의 도가 멸망하는 자들에게는 무엇이며, 구원을 받는 우리에게는 무엇입니까?

111. 사람보다 지혜로운 것과 사람보다 강한 것은 무엇입니까?

112. 바울은 고린도교회 내의 분쟁을 이야기하면서 심는 자와 물을 주는 자와 자라나게 하는 이를 각각 누구라고 했습니까?

113. "맡은 자들에게 구할 것은 충성이니라"라는 말씀은 성경 어디에 있습니까?

114. "그리스도 안에서 일만 스승이 있으되 아버지는 많지 아니하니 그리스도 예수 안에서 내가 복음으로써 너희를 낳았다"라고 하면서 바울이 무슨 말로 권면하였습니까?

115. 바울은 사람이 범하는 죄마다 몸 밖에 있지만 이것을 행하는 자는 자기 몸에 죄를 범한다고 했는데, 이것은 무엇입니까?

116. 바울은 주 안에는 남자 없이 여자만 있지 않고 여자 없이 남자만 있지 아니하니 이는 여자가 남자에게서 난 것같이 남자도 여자로 말미암아 났음을 말한 후, 모든 것은 누구로부터 났다고 하였습니까?

117. 성찬식에 주로 사용되는 성만찬의 본문은 어디입니까?

118. 성찬식에서 주의 몸을 분별하지 못하고 먹고 마시는 자는 무엇을 하고 있는 것입니까?

119. 사랑에 관한 가장 많은 말씀을 가진 성경의 사랑장은 어디입니까?

120. 누구든지 그리스도 안에 있으면 새로운 피조물이라 이전 것은 지나갔으니 보라 새것이 되었도다라고 한 후, 우리에게 맡겨 주신 직분은 무엇입니까?

121. 바울은 신자들을 정결한 처녀로 누구에게 드리려고 중매한다고 하였습니까?

122. 바울이 전한 복음 외에 다른 복음을 전하면 누구라도 저주를 받을 것이라 했습니까?

123. 바울이 '내 형제', '나의 동료', '나의 동역자', '나의 참 아들'이라고 부른 헬라인으로 억지로 할례를 받게 하지 아니했던 사람은 누구입니까?

124. 하나님은 베드로를 누구의 사도로 삼으시고, 바울은 누구의 사도로 삼으셨습니까?

125. 어리석은 사람은 무엇으로 시작하였다가 무엇으로 마칩니까?

126. 성령의 9가지 열매는 무엇입니까?

127. 바울은 무엇 외에는 자랑할 것이 없다고 했습니까?

128. 하나님이 우리를 택하여 자기의 아들들이 되도록 예정하신 것은 언제입니까?

129. 하나님의 은혜에 의하여 믿음으로 말미암아 이것을 받았으니 이것은 행위에서 난 것이 아니니 누구든지 자랑하지 못하게 함이라 말씀한 이것은 무엇입니까?

130. 에베소서에 나타나 있는 하나님의 선물은 무엇입니까?

131. 하나님께서 어떤 사람은 사도로, 어떤 사람은 선지자로, 어떤 사람은 복음 전하는 자로, 어떤 사람은 목사와 교사로 삼으신 이유는 무엇입니까?

132. 잘되고 땅에서 장수하는 비결은 무엇입니까?

133. 하나님의 전신갑주를 취하라는 에베소서 6장의 말씀 가운데 '하나님의 말씀'을 무엇에 비유하였습니까?

134. 바울이 '나의 형제', '함께 수고하고 함께 군사된 자', '내가 쓸 것을 돕는 자'로 일컬은 사람은 누구입니까?

135. 바울은 우리의 시민권이 어디에 있다고 했습니까?

136. 바울이 복음의 시초에 마게도냐를 떠날 때에 그를 후원하였던 유일한 교회였으며, 데살로니가에 있을 때에도 후원한 교회는 어디입니까?

137. 바울의 데살로니가 방문계획이 순조롭게 이루어지지 않은 것은 누가 막았기 때문입니까?

138. 주께서 호령과 천사장의 소리와 하나님의 나팔 소리로 친히 하늘로부터 강림하실 때 먼저 누가 일어난다고 했습니까?

139. 주 예수께서 자기의 능력의 천사들과 함께 하늘로부터 불꽃 가운데에 나타나실 때 누구에게 형벌을 내리신다고 했습니까?

140. 감독과 집사의 자격을 말한 성경은 어디에 기록되어 있습니까?

141. 바울이 디모데에게 네 연소함을 업신여기지 못하게 하라고 한 후, 믿는 자에게 본이 되라고 말한 다섯 가지는 무엇입니까?

142. 이 사람에 대한 고발은 두세 증인이 없으면 받지 말라 하였는데 이 사람은 누구입니까?

143. 일만 악의 뿌리가 되는 것은 무엇입니까?

144. 디모데의 믿음은 누구로부터 받은 것입니까?

145. 바울은 디모데후서에서 성경의 유익과 목적에 대해 말씀하면서 성경이 하나님의 사람을 어떻게 한다고 하였습니까?

146. 바울이 빌레몬에게 말하기를 전에는 네게 무익하였으나 이제는 나와 네게 유익하다고 말한 이 사람은 누구입니까?

147. 모세는 하나님의 온 집에서 무엇이며, 그리스도는 무엇입니까?

148. 타락한 자들은 다시 새롭게 하여 회개하게 할 수 없다고 기록한 곳이 어디입니까?

149. 살렘 왕으로 지극히 높으신 하나님의 제사장이요, 아브라함을 만나 복을 빈 자는 누구입니까?

150. 히브리서에서 장차 올 좋은 일의 그림자일 뿐이요, 참 형상이 아니라고 한 것은 무엇입니까?

151. 우리가 성소에 들어갈 담력을 얻는 근거는 무엇입니까?

152. 그 날이 가까움을 볼수록 모이기를 폐하는 어떤 사람들의 습관과 같이하지 말라는 말씀은 성경 어디입니까?

153. 히브리서 11장에 믿음으로 산 사람의 이름은 무엇입니까?

154. 속히 할 것과 더디 할 것은 무엇입니까?

155. 행함이 없는 믿음은 어떤 것입니까?

156. 스스로 하나님과 원수되는 자는 누구와 벗이 되고자 하는 자입니까?

157. 하나님은 교만한 자와 겸손한 자에게 각각 어떻게 하신다고 했습니까?

158. 하나님께 복종하고 마귀를 대적하면 어떤 결과가 있습니까?

159. 병든 자를 구원하며, 죄를 범하였을지라도 사하심을 받도록 하는 것은 무엇입니까?

160. 목자장이 나타나실 때에 시들지 아니하는 영광의 관을 얻으리라는 말은 누구에게 한 말입니까?

161. 누가 우는 사자같이 두루 다니며 삼킬 자를 찾습니까?

162. 주께는 천 년이 얼마 동안의 기간과 같습니까?

163. 하나님께 조금도 없는 것은 무엇입니까?

164. 우리가 우리 죄를 자백하면 우리 죄를 사하시며 우리를 어디에서 깨끗하게 하십니까?

165. 세상에 많이 나온 미혹하는 자요 적그리스도는 어떤 자를 말합니까?

166. 요한3서에서 으뜸되기를 좋아했던 사람은 누구입니까?

167. 모세의 시체에 관하여 마귀와 다투어 변론한 것은 누구입니까?

168. 요한계시록의 수신자가 되는 일곱 교회는 어디입니까?

169. 금대접에 가득한 향은 무엇입니까?

170. 천사에게 달라 하여 받은 것으로 입에는 꿀같이 다나 먹은 후에 배에서는 쓰게 되었던 것은 무엇입니까?

171. 계시록 13장에 나오는 바다에서 올라온 짐승의 뿔은 몇 개이며, 머리는 몇 개입니까?

172. 이마에 표를 받게 하고 누구든지 이 표를 가진 자 외에는 매매를 못하게 하니 이 표는 곧 짐승의 이름이나 그 이름의 수라 하는데, 이 수는 얼마입니까?

173. 어린 양과 시온산에 함께 섰고, 그들의 이마에 어린 양의 이름과 그 아버지의 이름을 쓴 것이 있던 사람은 모두 몇 명입니까?

174. "큰 우박이 하늘로부터 사람들에게 내리매 사람들이 그 우박의 재앙 때문에 하나님을 비방하니 그 재앙이 심히 큼이러라"는 계시의 말씀에 나온 우박의 무게는 얼마입니까?

175. 어린 양의 혼인 기약이 이르렀고 빛나고 깨끗한 세마포 옷을 입도록 허락되었는데, 이 세마포 옷은 무엇입니까?

176. 새 하늘과 새 땅, 새 예루살렘에 관한 계시가 나오는 곳은 요한계시록 몇 장입니까?

177. 성경의 마지막 말씀은 무엇입니까?

178. 신약의 장 수는 모두 몇 장이며, 절 수는 모두 몇 절입니까?

179. 다음의 인물과 사건을 연결하세요.
　　① 시　몬　　　　　　•　　• ㉠ 자색 옷감 장사
　　② 데오빌로　　　　　•　　• ㉡ 가룟 유다를 대신한 제자
　　③ 바디매오　　　　　•　　• ㉢ 돈으로 성령을 사려는 자
　　④ 맛디아　　　　　　•　　• ㉣ 디모데의 외조모
　　⑤ 구레네 사람 시몬　•　　• ㉤ 맹인 거지
　　⑥ 오네시모　　　　　•　　• ㉥ 졸다가 떨어져 죽음
　　⑦ 루디아　　　　　　•　　• ㉦ 죄수
　　⑧ 바라바　　　　　　•　　• ㉧ 누가복음과 사도행전의 수신자
　　⑨ 로이스　　　　　　•　　• ㉨ 십자가 대신 짐
　　⑩ 유두고　　　　　　•　　• ㉩ 빌레몬의 종

180. 다음 성경의 주요내용이나 장의 제목을 쓰세요.
　　① 마태복음 5~7장 :
　　② 고린도전서 13장 :
　　③ 히브리서 11장 :
　　④ 요한계시록 21장 :

181. 다음 땅 이름과 사건을 연결하세요.
① 베다니   •   • ㉠ 날마다 성경을 상고
② 수 가   •   • ㉡ 나사로
③ 밧모섬   •   • ㉢ 십자가
④ 베뢰아   •   • ㉣ 기도
⑤ 엠마오   •   • ㉤ 사마리아
⑥ 가 나   •   • ㉥ 요한계시록
⑦ 골고다   •   • ㉦ 글로바
⑧ 고린도   •   • ㉧ 혼례
⑨ 겟세마네   •   • ㉨ 사울(바울)
⑩ 길리기아 다소 •   • ㉩ 회당장 그리스보

※ 다음 성경구절의 (   ) 안에 알맞은 답을 쓰세요(182-200번).

182. "이와 같이 성령도 우리의 연약함을 도우시나니 우리는 마땅히 (   ) 알지 못하나 오직 성령이 말할 수 없는 (   ) 우리를 위하여 친히 간구하시느니라"

183. "이와 같이 우리 많은 (   )이 그리스도 안에서 한 (   )이 되어 서로 지체가 되었느니라"

184. "사랑에는 (   ) 없나니 악을 미워하고 (   ) 속하라"

185. "피차 (   )의 빚 외에는 아무에게든지 아무 빚도 지지 말라 남을 (   )하는 자는 율법을 다 이루었느니라"

186. "의심하고 먹는 자는 정죄되었나니 이는 (   )을 따라 하지 아니하였기 때문이라 (   )을 따라 하지 아니하는 것은 다 죄니라"

187. "하나님도 한 분이시니 곧 (   )의 아버지시라 (   ) 위에 계시고 (   )를 통일하시고 (   ) 가운데 계시도다"

188. "나는 아직 내가 잡은 줄로 여기지 아니하고 오직 한 일 즉 뒤에 있는 것은 잊어버리고 앞에 있는 것을 잡으려고 (   )를 향하여 그리스도 예수 안에서 하나님이 위에서 부르신 부름의 상을 위하여 달려가노라"

189. "하나님은 모든 사람이 구원을 받으며 (   )를 아는 데에 이르기를 원하시느니라"

190. "믿음은 바라는 것들의 (   )이요, 보이지 않는 것들의 (   )니"

191. "내 아들아 주의 (   )하심을 경히 여기지 말며 그에게 꾸지람을 받을 때에 (   )하지 말라"

192. "단단한 음식은 장성한 자의 것이니 그들은 지각을 사용함으로 연단을 받아 (   )을 분별하는 자들이니라"

193. "너희 죄를 서로 고백하며 병이 낫기를 위하여 서로 기도하라 (   )의 간구는 역사하는 힘이 크니라"

194. "너희가 더욱 힘써 너희 (   )에 덕을, 덕에 지식을, 지식에 절제를, 절제에 인내를, 인내에 경건을, 경건에 (   )를, (   )에 사랑을 더하라"

195. "너희는 택하신 (　　)이요 왕 같은 (　　)이요 거룩한 (　　)요 그의 소유가 된 (　　)이니 이는 너희를 어두운 데서 불러내어 그의 기이한 빛에 들어가게 하신 이의 아름다운 덕을 선포하게 하려 하심이라"

196. "이는 물과 피로 임하신 이시니 곧 예수 그리스도시라 물로만 아니요 물과 피로 임하셨고 증언하는 이는 성령이시니 성령은 (　　)니라"

197. "이는 세상에 있는 모든 것이 육신의 정욕과 (　　)과 이생의 자랑이니 다 아버지께로부터 온 것이 아니요 세상으로부터 온 것이라"

198. "우리가 말과 혀로만 사랑하지 말고 (　　)과 (　　)으로 하자"

199. "무릇 하나님께로부터 난 자마다 세상을 이기느니라 세상을 이기는 승리는 이것이니 우리의 (　　)이니라"

200. "나 예수는 교회들을 위하여 내 사자를 보내어 이것들을 너희에게 증언하게 하였노라 나는 다윗의 뿌리요 자손이니 곧 광명한 (　　)이라 하시더라"

4_ 신약성경 문제 | 객관식

+ 복음서 문제(1-42번) +

1. 예수께서 나사렛에 사신 것은 언제부터입니까?
   ① 출생 시   ② 애굽에서 돌아오신 후
   ③ 12세   ④ 30세

2. 세례 요한이 유대 광야에서 처음 전파한 말은 무엇입니까?
   ① 회개하라 천국이 가까이 왔느니라.
   ② 회개하고 복음을 믿으라.
   ③ 내 뒤에 오시는 분은 성령과 불로 세례를 주실 것이다.
   ④ 보라, 세상 죄를 지고 가는 하나님의 어린 양이로다.

3. 예수께서 세례 요한에게 세례받으신 것은 무슨 뜻입니까?
   ① 회개의 세례로서 죄를 속하기 위하여
   ② 메시야로서 공생애로 들어가는 취임식으로
   ③ 인간의 죄를 대속하여 성령을 받아 구속사업을 이루기 위하여
   ④ 세례의 모범을 보이시기 위해서

4. 예수님이 이혼을 허락하신 것은 어떤 경우입니까?
   ① 부부가 합의 이혼할 때
   ② 부부 사이에 자식이 없을 때
   ③ 배우자가 음행을 범했을 때
   ④ 부부가 서로 마음이 나뉘어져 있을 때

5. 믿음이 크다고 예수님께 칭찬 받은 사람은 다음 중 누구입니까?
   ① 도마   ② 중풍병자   ③ 백부장   ④ 야이로

6. 예수께서 마태를 부르신 곳은 어디입니까?
   ① 갈릴리 해변   ② 세관
   ③ 요단 강변   ④ 가버나움

7. 마태의 본 직업은 무엇입니까?
   ① 어부   ② 세리   ③ 랍비   ④ 목수

8. 세례 요한의 금욕생활에 대해 당시 유대인들의 태도는 어떠했습니까?
   ① 존중함   ② 무관심함
   ③ 귀신이 들렸다 함   ④ 몹시 미워함

9. "상한 갈대를 꺾지 아니하며 꺼져가는 심지를 끄지 아니하기를 심판하여 이길 때까지 하리니"는 어느 선지자의 말입니까?
   ① 요엘   ② 이사야
   ③ 예레미야   ④ 호세아

10. 베드로가 바다 위를 걷다가 빠진 이유는 무엇입니까?
    ① 바람과 바다 물결을 보아서

② 의심하였으므로
③ 파도를 보고 무서워하여서
④ 바다를 걷는다는 놀라움 때문에

11. 사람을 더럽게 하는 것은 무엇입니까?
    ① 손을 씻지 않고 먹는 것
    ② 부정한 음식을 먹는 것
    ③ 입에서 나오는 것
    ④ 주일을 범하는 것

12. 변화산에서 나타난 사람이 있는데 누구입니까?
    ① 여호수아와 엘리야   ② 다니엘과 엘리야
    ③ 에녹과 모세   ④ 모세와 엘리야

13. 한 데나리온의 가치는 얼마입니까?
    ① 한 시간의 노임이다.   ② 하루의 노임이다.
    ③ 10일 간의 노임이다.   ④ 한 달 간의 노임이다.

14. 유대인이 예수를 죽이려 한 까닭은 무엇입니까?
    ① 유대인의 지도자를 공격했기 때문에
    ② 예수께서 자신을 하나님의 아들이라고 하셨기 때문에
    ③ 메시야로서의 사명을 다 감당하지 못했기에
    ④ 대중들의 인기를 독차지하여서

15. '보아너게'라는 말의 뜻은 무엇이며, 누구에게 덧붙여진 이름입니까?
    ① 우레의 아들-베드로, 요한
    ② 폭풍의 아들-야고보, 요한

③ 폭풍의 아들 - 베드로, 요한
④ 우레의 아들 - 야고보, 요한

16. '고르반'이란 무슨 뜻입니까?
    ① 제사장이 올리는 예물
    ② 하나님께 드리는 예물
    ③ 왕에게 바치는 예물
    ④ 부모님께 드리는 예물

17. 예수님께서 말씀하신 '나의 마시는 잔'이란 어떤 잔입니까?
    ① 고난의 잔   ② 사명의 잔
    ③ 영광의 잔   ④ 부활의 잔

18. 최후의 심판 날은 누가 압니까?
    ① 기도를 많이 한 주의 사자   ② 천사들과 예수님
    ③ 하나님 아버지   ④ 신실한 주의 제자들

19. 아기 예수를 제일 먼저 방문한 사람은 누구입니까?
    ① 동방박사   ② 양치는 목자들
    ③ 시므온과 안나   ④ 바로 왕

20. 누가복음에 나타난 족보의 특징은 무엇입니까?
    ① 예수님부터 하나님까지의 관계를 표시하는 족보
    ② 아브라함부터 예수님까지의 관계를 표시하는 족보
    ③ 예수님부터 아담까지의 관계를 표시하는 족보
    ④ 예수님부터 다윗까지의 관계를 표시하는 족보

21. 다음 중에서 마태복음 13장에 나오는 천국비유가 아닌 것을 모두

고르세요.
① 씨뿌림   ② 가라지   ③ 겨자씨   ④ 잃은 돈
⑤ 누룩   ⑥ 잃은 양   ⑦ 밭의 보화 ⑧ 진주
⑨ 잃은 아들 ⑩ 그물

22. 예수님의 십자가 위의 패에는 무엇이라 쓰였습니까?
    ① 우리의 왕   ② 왕 중 왕
    ③ 우리의 하나님   ④ 유대인의 왕

23. 십자가 위에서 회개한 강도의 말은 무슨 뜻입니까?
    ① 회개의 말로 구원을 요청하는 말
    ② 육체적인 이적을 구하는 말
    ③ 동료들에 대한 사랑의 간구
    ④ 예수님도 당연히 받아야 할 보응을 받는 것이다.

24. 예수님의 처음 이적은 무엇입니까?
    ① 물로 포도주 만든 것
    ② 나면서 못 걷게 된 사람을 고치신 것
    ③ 오병이어로 5,000명을 먹이신 것
    ④ 눈먼 이를 고치신 것

25. 예수님이 "너희가 이 성전을 헐라 내가 사흘 동안에 일으키리라"
    라고 하신 말씀의 뜻은 무엇입니까?
    ① 백성들이 헐지 못할 줄 알기 때문에
    ② 예수님이 성전을 다시 사흘 동안에 세울 수 있음을 보여 주기
       위해서
    ③ 성전 된 자신의 육체의 부활을 증거하기 위해서
    ④ 예수의 능력은 무한하심을 보여 주기 위해서

26. 헤롯 성전은 몇 년 만에 준공했습니까?
   ① 38년   ② 46년   ③ 36년   ④ 40년

27. 앞뒤에 서로 관계되는 것끼리 줄을 그으세요.
   ① 그 이름을 믿는 자들 •   • ㉠ 나다나엘
   ② 니고데모 •   • ㉡ 가나혼인잔치
   ③ 빌립의 전도 •   • ㉢ 하나님의 자녀
   ④ 예수님의 첫 번 이적 •   • ㉣ 거듭남

28. 베데스다 못가에서 예수님이 행하신 이적은 무엇입니까?
   ① 38년 된 병자 고침   ② 나면서 못 걷게 된 사람을 고침
   ③ 시각장애인을 고침   ④ 한센병(나병) 환자를 고침

29. 보혜사 성령은 누구에게 옵니까?
   ① 성령의 은사 받아서 병 고치는 자에게
   ② 말씀의 능력이 있는 불의 사자에게
   ③ 예수님을 믿는 모든 신앙인에게
   ④ 방언을 간절히 원하는 사람들에게

30. 부활하신 주님을 제일 먼저 만난 사람은 누구입니까?
   ① 엠마오로 가는 두 제자   ② 베드로와 제자들
   ③ 요한과 베드로   ④ 막달라 마리아

31. 복음이란 무엇입니까?
   ① 하나님의 축복의 말씀
   ② 구원의 기쁜 소식
   ③ 예수 그리스도의 교훈집
   ④ 예수 그리스도의 말씀

32. 공관복음이란 어느 것입니까?
    ① 마태, 마가, 누가 세 복음이다.
    ② 마태, 마가, 요한 세 복음이다.
    ③ 마태, 마가, 누가, 요한 네 복음이다.
    ④ 마태, 누가, 요한 세 복음이다.

※ 다음의 내용이 맞으면 O표, 틀리면 X표 하세요(33-42번).

33. 예수님의 탄생을 전후하여 주의 사자가 요셉에게 현몽한 것은 두 번입니다. (　　)

34. 산상수훈에서 형제를 대하여 '라가'(히브리인의 욕설)라 하는 자가 받게 될 벌은 공회에 잡히게 되는 것입니다. (　　)

35. 흙이 얕은 돌밭에 떨어진 씨앗은 싹이 나오지도 못하고 해가 돋은 후에 타서 뿌리가 없으므로 말랐습니다. (　　)

36. 베드로가 생선 입에서 얻은 것은 반 세겔이었습니다. (　　)

37. 메시야가 새끼 나귀를 타고 예루살렘에 입성할 것을 예언한 구약의 선지자는 스가랴입니다. (　　)

38. 인자가 세상 마지막 날에 양과 염소를 구분하는 것같이 심판하는 장면이 기록된 곳은 마태복음 25장입니다. (　　)

39. 베드로가 예수님을 세 번 부인한 시기는 예수께서 빌라도 앞에서 심문 받으실 때입니다. (　　)

40. 예수께서 겟세마네 동산에서 기도하실 때 세 제자는 졸고 있었습니다. (   )

41. 성경에서는 어떠한 경우에도 이혼은 허락되지 않습니다. (   )

42. 귀신의 왕의 이름은 '바알세붑'입니다. (   )

✝ 사도행전 문제(43 – 66번) ✝

43. 예수께서 부활 후 며칠 만에 승천하셨습니까?
　　① 40일　　② 12일　　③ 30일　　④ 50일

44. 다음 중 초대교회가 세운 일곱 집사의 자격으로 맞지 않은 것은 무엇입니까?
　　① 성령 충만　　　　② 지혜 충만
　　③ 칭찬 받는 사람　　④ 설교에 능한 사람

45. 다음 사람들은 세례 요한처럼 광야와 관계가 있습니다. 서로 관계되는 것에 줄을 그으세요.
　　① 모세　·　　　　　· ㉠ 시내산
　　② 빌립　·　　　　　· ㉡ 가사
　　③ 하갈　·　　　　　· ㉢ 미디안

46. 마술사 시몬은 무엇으로 성령을 받으려고 했습니까?
　　① 기도하고 방언함으로　　② 세례받고 능력 받아서
　　③ 권력의 힘으로 얻으려고　④ 돈으로 사려고

47. 바울이 '직가'라는 거리에서 만난 제자는 누구입니까?
　　① 베드로　② 요한　③ 아나니아　④ 실라

48. 병들어 죽었으나 베드로가 기도하자 다시 살아난 욥바의 여제자는 누구입니까?
   ① 아나니아   ② 애니아   ③ 다비다   ④ 고넬료

49. 유대인의 시간은 오늘 우리의 시간과 다릅니다. 유대 시간 제6시는 우리의 시간으로 언제입니까?
   ① 오전 9시   ② 낮 12시   ③ 오후 3시   ④ 오후 6시

50. 베드로가 욥바 성의 지붕에 올라가 기도할 때 본 하늘에서 내려온 큰 보자기 같은 것에 들어 있던 것이 아닌 것은 무엇입니까?
   ① 네 발 가진 짐승   ② 기는 것
   ③ 공중에 나는 것들   ④ 헤엄치는 것

51. 고넬료에게 하나님의 사자가 나타나 베드로라는 시몬을 청하라 말씀하셨는데, 그의 어떤 면을 하나님이 기억하셨기 때문입니까?
   ① 경건한 생활과 구제
   ② 그의 기도와 구제
   ③ 진실한 믿음과 모범적 가정생활
   ④ 모범적인 교회생활로

52. 처음 그리스도인이란 칭호를 얻은 교회는 어느 교회입니까?
   ① 예루살렘   ② 사마리아   ③ 안디옥   ④ 가이사랴

53. 옥중에 있던 베드로를 주의 사자가 깨우며 명한 내용이 아닌 것은 무엇입니까?
   ① 급히 일어나라   ② 띠를 띠고 신을 신으라
   ③ 차꼬를 풀라   ④ 겉옷을 입으라

54. 안디옥 교회에서 1차 선교를 위해 처음 출발한 사람이 아닌 사람은 누구입니까?
    ① 바나바   ② 사울   ③ 요한(마가)   ④ 디모데

55. 사도행전에서 사울을 바울이라고 부르기 시작한 것은 전도여행의 어느 지점에서부터입니까?
    ① 수리아 안디옥   ② 살라미
    ③ 바보   ④ 비시디아 안디옥

56. 첫 번째 선교한 지역을 돌보기 위해 두 번째 선교여행을 떠나려 할 때 바울과 바나바가 다투고 갈라서게 된 이유는 누구 때문입니까?
    ① 실라   ② 디모데   ③ 요한(마가)   ④ 디도

57. 바울이 마게도냐 사람의 환상을 본 곳은 어디입니까?
    ① 안디옥   ② 에베소   ③ 드로아   ④ 욥바

58. 바울이 자색 옷감 장사 루디아를 만난 곳은 어느 도시입니까?
    ① 빌립보   ② 에베소   ③ 데살로니가   ④ 베뢰아

59. 다음 중 천막 만드는 업을 가지고 있던 사람이 아닌 사람은 누구입니까?
    ① 아굴라   ② 브리스길라   ③ 바울   ④ 유스도

60. 바울이 강론할 때 창에 걸터앉아 듣다가 떨어졌던 청년은 누구입니까?
    ① 소바더   ② 가이오   ③ 유두고   ④ 두기고

61. 바울이 "내가 삼 년이나 밤낮 쉬지 않고 눈물로 각 사람을 훈계하던 것을 기억하라"라고 말한 교회는 어디입니까?
    ① 앗소   ② 밀레도   ③ 에베소   ④ 두로

62. 벨릭스가 바울을 자주 불러 같이 이야기한 까닭은 무엇입니까?
    ① 천부장 루시아가 내려오기를 기다리므로
    ② 예수 믿는 도를 듣기 위해
    ③ 바울의 메시지에 감탄하여서
    ④ 바울에게서 돈을 받을까 바라는 까닭에

63. 바울에게 "네 많은 학문이 너를 미치게 한다"라고 말한 사람은 누구입니까?
    ① 베스도   ② 아그립바   ③ 가말리엘   ④ 벨릭스

64. '유라굴로'는 무슨 이름입니까?
    ① 배 이름   ② 도시 이름   ③ 땅 이름   ④ 폭풍 이름

65. '바울'이란 이름의 뜻은 무엇입니까?
    ① 지극히 작은 자라는 뜻
    ② 겸손히 하나님의 제자가 되었다는 뜻
    ③ 예수의 이름으로 죄 씻음을 받고 새사람이 된 사도라는 뜻
    ④ 그리스도인이 되었다는 뜻

66. 유대주의자들이 바울을 박해하는 이유는 무엇입니까?
    ① 바울이 예수 복음을 전하지 않게 하기 위해서
    ② 바울이 유대교에서 기독교로 개종했기 때문에
    ③ 바울이 율법을 방해하기 위하여
    ④ 바울이 기독교인을 박해했기 때문에

+ 서신서 및 계시록 문제(67 - 120번) +

67. 유대인이 이방인보다 나은 것은 무엇입니까?
    ① 행위가 의로운 것
    ② 깨끗한 삶을 살아가는 것
    ③ 그들만의 하나님이 선택하신 것
    ④ 하나님의 말씀을 맡은 것

68. 하나님께서 야곱은 사랑하고 에서는 미워하신 이유는 무엇입니까?
    ① 야곱은 선하고 에서는 악하기 때문
    ② 에서는 성격이 거칠고 야곱은 성격이 유순하기 때문에
    ③ 야곱은 욕심이 있었고 에서는 없었기 때문에
    ④ 모든 것이 하나님의 뜻이기에

69. 원수 갚는 문제에 대해서 성경은 무엇이라고 했습니까?
    ① 원수를 친히 갚지 말고 하나님의 진노하심에 맡기라.
    ② 원수를 시험하여 보고 끊으라.
    ③ 원수는 진멸하고 갚아야 한다.
    ④ 원수를 처음부터 만들지 말라.

70. 아시아에서 처음으로 그리스도 신자가 된 사람은 누구입니까?
    ① 디모데   ② 루디아   ③ 에배네도   ④ 뵈뵈

71. 로마서를 기록하여 준 사람은 누구입니까?
    ① 두기고   ② 가이오   ③ 더디오   ④ 소시바더

72. 사도 바울이 고린도교회를 권면하기 위해 쓴 편지에 따르면 하나님의 나라는 어디에 있습니까?
    ① 말   ② 행동   ③ 마음   ④ 능력

73. 결혼에 대한 자세한 가르침을 기록한 곳은 어디입니까?
   ① 고린도전서 7장   ② 고린도후서 7장
   ③ 고린도전서 15장 ④ 고린도후서 15장

74. 바울이 복음을 전하여도 자랑하지 못하는 원인은 무엇입니까?
   ① 본래 박해자였기 때문에
   ② 부득불 할 일이기 때문에
   ③ 성령의 지시대로 함으로 자기 뜻을 할 수 없기 때문에
   ④ 명예를 얻기 위해서

75. 우리가 감당하지 못할 시험당할 때는 하나님이 어떻게 하십니까?
   ① 신앙의 연단을 위하여 주신다.
   ② 시험에서 이겨야 하기 때문에 그냥 버려두신다.
   ③ 피할 길을 내사 능히 감당하게 하신다.
   ④ 감당을 할 수 있는지 아닌지 알려 주신다.

76. 바울이 여러 가지 은사 가운데서 특별히 사모하기를 권한 은사는 무엇입니까?
   ① 방언의 은사
   ② 사랑의 은사
   ③ 통역의 은사
   ④ 예언의 은사

77. 바울이 자신을 '사도 중에 가장 작은 자'라고 말한 이유는 무엇입니까?
   ① 지식과 영력의 부족으로
   ② 하나님의 교회를 박해하였으므로
   ③ 키가 작고 자신이 없으므로
   ④ 몸에 있는 가시인 병으로 인해

78. 바울은 왜 고린도 교회에 다시 가지 않았습니까?
    ① 그 신변의 특수한 사정 때문에
    ② 교통관계로 인하여
    ③ 고린도 교인을 아끼기 때문에
    ④ 기상관계로 인하여

79. 그리스도인이 교회에서 가질 직분은 무엇입니까?
    ① 남을 정죄하는 직분
    ② 죄를 책망하고 회개케 하는 직분
    ③ 화목하게 하는 직분
    ④ 남을 연단시키는 직분

80. 하나님의 뜻대로 하는 근심은 어떤 결과를 가져옵니까?
    ① 행위를 성결케 한다.   ② 회개를 이룬다.
    ③ 믿음을 굳게 한다.   ④ 마음을 의롭게 한다.

81. 바울은 누구로 말미암아 사도가 되었습니까?
    ① 그를 따르는 사람으로 말미암아
    ② 예수 그리스도와 그를 죽은 자 가운데서 살리신 하나님 아버지로 말미암아
    ③ 제자들로 말미암아
    ④ 하나님께 스스로를 자천함으로

82. 바울은 갈라디아 교회의 범죄자를 어떻게 하라고 했습니까?
    ① 관용하라고 함
    ② 참고 기다리라고 함
    ③ 처단하라고 함
    ④ 온유한 심령으로 그를 바로잡으라고 함

83. 바울이 자신의 몸에 무슨 흔적을 지니고 있다고 했습니까?
   ① 안질의 흔적　　　　　② 매 맞은 흔적
   ③ 예수의 흔적　　　　　④ 교만의 흔적

84. 둘로 하나를 만드사 중간에 막힌 담을 자기 육체로 허신 분은 누구입니까?
   ① 모세　　② 아브라함　　③ 예수　　　④ 바울

85. 그리스도의 교회가 하나되는 근거 중 아닌 것은 무엇입니까?
   ① 한 민족이다.　　　　　② 한 성령을 소유하고 있다.
   ③ 같은 믿음을 소유하고 있다.　④ 한 세례에 참여하게 되었다.

86. 빌립보서에서 강조하고 있는 메시지는 무엇입니까?
   ① 선행하라.　　　　　　② 믿으라.
   ③ 기뻐하라.　　　　　　④ 천국이 가까이 왔다.

87. 빌립보 교인이 바울에 대하여 특별히 한 일은 무엇입니까?
   ① 위해서 기도했다.　　　② 칭찬했다.
   ③ 바울의 쓸 것을 보내 주었다.　④ 편지를 보냈다.

88. 다음 중에서 옳은 것을 고르세요.
   ① 골로새서는 로마 옥중에서 디모데가 썼다.
   ② 골로새 교인은 디모데에게서 배웠다.
   ③ 소시바더는 바울과 함께 된 그리스도의 종이 아니다.
   ④ 에바브라는 골로새 교인의 사랑을 바울에게 알린 사람이다.

89. 사도 바울이 데살로니가 교회로 인해 쉬지 않고 감사한 것은 무엇입니까?

① 자기가 전한 말씀을 잘 받았기 때문에
② 진리의 말씀을 옳게 분별했기 때문에
③ 자기가 전한 말씀을 하나님의 말씀으로 받았기 때문에
④ 많은 물질로 대접해 주었기 때문에

90. 디모데가 바울에게 가져온 데살로니가 소식은 무엇입니까?
    ① 믿음과 사랑의 기쁜 소식   ② 아리스다고의 개종소식
    ③ 실라와 디모데의 전도보고   ④ 데살로니가 교회의 박해소식

91. 예수님이 재림하실 때에 살아남은 자들은 어떻게 됩니까?
    ① 죽었다가 살아서 들리운다.
    ② 산 사람들은 영혼이 공중으로 들리운다.
    ③ 뼈만 살아서 들리운다.
    ④ 구름 속으로 끌어올려 공중에서 주를 영접한다.

92. '주의 날이 이르렀다'고 데살로니가 교인들을 미혹한 도구가 아닌 것은 무엇입니까?
    ① 영   ② 말   ③ 성경   ④ 편지

93. 데살로니가후서에서 배교하는 일과 이것이 나타나기 전에는 그 날이 이르지 아니하리니 미혹되지 말라고 하였는데, 이것은 무엇입니까?
    ① 큰 전쟁   ② 천재지변   ③ 멸망의 아들   ④ 대환란

94. 바울이 예수님을 믿지 아니할 때의 자신을 가리켜 말한 것이 아닌 것은 무엇입니까?
    ① 비방자   ② 박해자   ③ 착취자   ④ 폭행자

95. 디모데후서는 바울서신 중에서 어떤 책입니까?
    ① 가장 먼저 쓰여진 책이다. ② 가장 나중에 쓰여진 책이다.
    ③ 오랫동안 쓰여진 책이다.   ④ 가장 긴 책이다.

96. 다음 중 디모데에 대한 설명으로 바른 것은 무엇입니까?
    ① 디모데의 가정은 불신 가정이었다.
    ② 디모데는 거짓이 없는 믿음을 아버지에게 물려받았다.
    ③ 디모데의 외조모는 로이스, 어머니는 유니게이다.
    ④ 디모데의 모친은 유대인이고 부친은 로마인이다.

97. 디도서는 무슨 편지입니까?
    ① 같은 믿음을 따라 참 아들된 디도에게 보낸 편지이다.
    ② 디도 교회에 보낸 편지이다.
    ③ 디도와 교회 교인에게 보낸 편지이다.
    ④ 디도와 그 가족에게 보낸 편지이다.

98. 다음 중 그리스도께서 우리를 대신하여 자신을 주신 뜻이 아닌 것은 무엇입니까?
    ① 모든 불법에서 우리를 속량하시려고
    ② 우리도 함께 죽게 하려 하심
    ③ 우리를 깨끗하게 하시려고
    ④ 선한 일을 열심히 하는 자기 백성이 되게 하시려고

99. 바울이 오네시모를 빌레몬에게 천거한 이유가 아닌 것은 무엇입니까?
    ① 오네시모가 바울이 믿음으로 낳은 아들이기에
    ② 오네시모는 바울의 심복이기에
    ③ 오네시모가 사랑받는 형제로 둘 자이기에
    ④ 오네시모가 종이기에

100. 오네시모의 빚진 것에 대해 바울이 한 말은 무엇입니까?
    ① 매로 치라.   ② 그것을 내 앞으로 계산하라.
    ③ 옥에 넣어라.   ④ 용서하리라.

101. "옛적에 (   )들을 통하여 여러 부분과 여러 모양으로 우리 조상들에게 말씀하신 하나님이 이 모든 날 마지막에는 (   )을 통하여 우리에게 말씀하셨으니"
    ① 왕, 선지자   ② 선지자, 사도
    ③ 선지자, 아들   ④ 제사장, 선지자

102. "그가 천사보다 훨씬 뛰어남은 그들보다 더욱 아름다운 (   )을 기업으로 얻으심이니"
    ① 영광   ② 옷   ③ 이름   ④ 모습

103. 천사의 직책은 무엇입니까?
    ① 하나님의 수종드는 것
    ② 구원받을 상속자들을 위하여 섬기는 것
    ③ 하늘나라에서 찬송하는 것
    ④ 마귀와 대적하는 것

104. 멜기세덱 제사장은 어떤 사람입니까?
    ① 레위지파 자손이다.
    ② 아론의 자손이다.
    ③ 유다지파 자손이다.
    ④ 아버지도 없고, 어머니도 없고, 족보도 없는 사람이다.

105. 첫 언약의 성소 안에 있는 것은 무엇입니까?
    ① 상, 등잔대, 비석   ② 진설병, 등잔대, 비석
    ③ 등잔대, 상, 진설병   ④ 금향로, 진설병, 상

106. 구하여도 받지 못하는 까닭은 무엇입니까?
    ① 정욕으로 쓰려고 잘못 구하기 때문
    ② 중언부언 기도하기 때문
    ③ 성령의 은사를 받지 못했기 때문
    ④ 방언으로 기도하지 않았기 때문

107. 적그리스도는 누구입니까?
    ① 예수를 시인하지 아니하는 영   ② 아버지를 부인하는 영
    ③ 성령을 부인하는 영   ④ 삼위일체를 부인하는 영

108. 하나님께로부터 난 자는 어떤 자입니까?
    ① 예수께서 그리스도임을 믿는 자
    ② 하나님과 사귐이 있다 하고 어두움 가운데 행하는 자
    ③ 스스로 죄 없다 하는 자
    ④ 하나님을 사랑하노라 하고 형제를 미워하는 자

109. 아래 사항에서 해당되는 사람의 이름을 보기에서 골라 괄호 안에 적으세요.
    ① 으뜸 되기를 좋아한 사람   (   )
    ② 진리 안에서 행한 사람   (   )
    ③ 뭇사람에게 증거를 받은 사람   (   )

    ┃ 보 기 ┃
    ㉠ 가이오   ㉡ 디오드레베   ㉢ 데메드리오

110. 책망 없는 교회는 어느 교회입니까?
    ① 에베소 교회   ② 라오디게아 교회
    ③ 두아디라 교회   ④ 서머나 교회

111. 다음 교회의 이기는 자에게 무슨 상을 줍니까? 줄로 연결하세요.
    ① 에베소 • • ㉠ 보좌에 함께 앉음
    ② 서머나 • • ㉡ 하나님 성전에 기둥이 됨.
    ③ 버가모 • • ㉢ 흰 옷, 그 이름을 생명책에서 결코 지우지 않음.
    ④ 두아디라 • • ㉣ 만국을 다스리는 권세, 새벽 별
    ⑤ 사데 • • ㉤ 만나와 흰 돌
    ⑥ 빌라델비아 • • ㉥ 둘째 사망의 해를 받지 아니함.
    ⑦ 라오디게아 • • ㉦ 생명나무의 열매

112. 죽도록 충성한 자에게 주시는 상은 무엇입니까?
    ① 영광의 관   ② 생명의 관
    ③ 의의 관   ④ 믿음의 관

113. 일곱 인봉한 책을 뗄 수 있는 이는 누구입니까?
    ① 천사장   ② 24장로   ③ 어린양   ④ 7집사

114. 네 천사가 땅 네 모퉁이에 서서 살아 계신 하나님의 인을 가지고 하나님의 종들의 이마에 인을 치는데, 유다 지파 중에서 인침을 받은 자의 수는 얼마입니까?
    ① 144,000명   ② 120,000명
    ③ 12,000명   ④ 7,000명

115. 다섯째 천사가 나팔을 불매 하늘에서 땅에 떨어진 별 하나가 무저갱의 열쇠를 받아 여니, 그 구멍에서 황충이 나와 권세를 받았습니다. 천사가 황충에게 무엇을 명하였습니까?
    ① 적그리스도를 멸하라.
    ② 각종 수목은 해하지 말라.

③ 이마에 하나님의 인침을 받은 사람을 해하라.
④ 온 땅에 환란을 일으키라.

116. "하늘에 큰 이적이 보이니 해를 옷 입은 한 여자가 있는데 그 발 아래에는 (　)이 있고 그 머리에는 (　)의 관을 썼더라"
① 달, 새벽 별　　　　② 용, 영광
③ 새벽 별, 해　　　　④ 달, 열두 별

117. "또 다른 천사 곧 둘째가 그 뒤를 따라 말하되 무너졌도다 무너졌도다 큰 성 (　) 모든 나라에게 그의 음행으로 말미암아 진노의 포도주를 먹이던 자로다"
① 니느웨여　　　　② 바벨론이여
③ 사마리아여　　　　④ 두로여

118. 둘째 사망 곧 불못에 던져지는 자는 누구입니까?
① 생명책에 기록되지 못한 자
② 환난을 이기지 못한 자
③ 이마에 인 맞은 자
④ 성령을 부인한 자

119. 거룩한 성 새 예루살렘에서 다시 있지 않을, 처음 것들에 속하지 않는 것은 무엇입니까?
① 사망　　② 애통　　③ 곡　　④ 사랑

120. 요한이 천사의 발 앞에 경배하려고 엎드렸더니 그가 "나는 너와 네 형제 선지자들과 또 이 두루마리의 말을 지키는 자들과 함께 된 종이니 그리하지 말고 하나님께 경배하라"라고 하고 또 "이 두루마리의 예언의 말씀을 인봉하지 말라"라고 했는데, 그 이유는

무엇입니까?
① 때가 가깝기 때문에 ② 심판하려고
③ 감추어 두려고   ④ 없애려고

종합고시 문제집 제Ⅱ장

헌 법

1. 신조 문제 / 121

2. 요리문답 문제 / 126

3. 정치 문제 / 137

4. 권징 문제 / 149

5. 예배와 예식 문제 / 150

1_ 신조 문제

1. 신구약 성경은 신앙과 행위에 대하여 정확 무오한 유일의 법칙인 동시에
   ① 하나님의 말씀과 동시에 사람의 말도 있다.
   ② 하나님의 말씀이다.
   ③ 하나님의 말씀과 사람의 말과 사단의 말도 있다.

2. 하나님의 본체에 삼위가 계시니 □□, □□, □□이시다. 이 삼위는 한 하나님이시다. 본체는 □□요 권능과 영광이 동등이시다.

3. 그리스도가 세우신 성례는 □□와 □□이다.

4. 다음 중 신자의 본분에 해당하는 것에 ○표, 아닌 것에 ×표 하세요.
   ① 교제 (　)　　　　　② 성례와 기타 법례를 지킴 (　)
   ③ 주의 법을 복종 (　)　④ 기도와 주일성수 (　)
   ⑤ 말씀 들음 (　)　　　⑥ 헌금 (　)　　　⑦ 전도 (　)

5. 죽은 자가 마지막 날에 □□함을 얻고, 그리스도의 □□하시는

보좌 앞에서 이 세상에서 □□ 간에 행한 바를 따라 보응을 받을 것이다. 그리스도를 믿고 복종한 자는 현저히 □함을 얻고 영광 중에 영접을 받을 것이다.

6. 하나님은 몇 분이십니까?
   ① 세 분   ② 한 분   ③ 두 분

7. 하나님은 모든 유형물과 무형물을 그 권능의 말씀으로 창조하셨는데
   ① 인간을 규제하시기 위하여 죄를 내셨다.
   ② 죄를 내시지 않으셨다.
   ③ 죄를 내시고 벌도 내셨다.

8. 하나님이 사람을 어떠한 형상으로 지으셨습니까?
   ① 죄를 지을 수밖에 없는 형상으로 지으셨다.
   ② 자기의 형상대로 지으셨다.
   ③ 형상 없이 지으셨다.
   ④ 생물을 주관할 수 있는 뛰어난 외모를 갖춘 형상으로 지으셨다.

9. 다음은 아담과 하와가 지은 죄에 관한 설명입니다. 틀린 것은 무엇입니까?
   ① 그들은 선악 간에 택할 자유가 없었다.
   ② 우리는 그들이 지은 죄와 관계가 있다.
   ③ 그들은 시험을 받아 하나님께 범죄하였다.
   ④ 모든 사람은 금세와 내세에 하나님의 진노와 형벌을 받는 것이 마땅하다.

10. 하나님이 인류의 죄와 부패함과 죄의 형벌에서 구원하시고 영생을 주시고자 어떠한 일을 하셨습니까?

11. 성령이 우리에게 하시는 역할이 아닌 것은 무엇입니까?
    ① 구원에 참여하게 하심
    ② 죄와 비참을 깨닫게 하심
    ③ 모든 것을 자기 뜻의 계획대로 행하시고 만유는 다 하나님의 선하시고 지혜로우시고 거룩하신 목적을 성취케 하심
    ④ 권능을 주셔서 복음을 값없이 주시겠다고 하신 예수 그리스도를 받게 하심

12. 성령이 직분을 행하실 때에 은혜를 베푸시는 방도는 무엇입니까? 맞는 것에 O표 하세요.
    ① 성경 (   )   ② 성례 (   )   ③ 기도 (   )   ④ 찬송 (   )

13. 구원을 얻기 위해 제일 먼저 해야 할 일은 무엇입니까?

14. 다음 설명 중 틀린 것은 무엇입니까?
    ① 하나님은 한 분뿐이시니 오직 그만 경배할 것이다.
    ② 하나님은 신이시니 스스로 계시고, 빛나고 높은 보좌에만 계신다.
    ③ 다른 신과 모든 물질과 구별하신다.
    ④ 그의 존재와 지혜와 권능과 거룩하심과 공의와 인자하심과 사랑하심에 대하여 무한하시며 무궁하시며 변치 아니하신다.

15. 죽은 자가 마지막 날에 부활할 수 있는지 여부를 답하세요.
    ① 부활한다.   ② 부활하지 못한다.   ③ 아무도 모른다.

16. 하나님의 본체에 삼위가 계시니, 성부, 성자, 성령이십니다. 이 삼위는 무엇입니까?
    ① 한 하나님이시다.
    ② 두 하나님이시다.

③ 세 하나님이시다.
④ 두 하나님과 한 사람이다.

17. 하나님은 어디에 계십니까?

18. 하나님은 인간을 창조하시고 어떠한 사명을 주셨습니까?
    ① 선악 간에 택할 자유가 없이 오직 하나님만을 섬겨야 하는 사명
    ② 땅을 정복하고 모든 생물을 다스리는 사명
    ③ 하나님의 형상대로 지어졌으므로 하나님과 동등한 권리로 세상을 다스릴 사명
    ④ 하나님의 법을 완전히 복종하여 몸을 드려 참되고 온전한 제물이 되는 사명

19. 인간의 죄는 무엇입니까?
    ① 아담의 원죄만 있다.
    ② 아담의 원죄와 부패한 성품 외에 범죄할 가능성이 있는 자가 고의로 범죄하는 죄도 있다.
    ③ 아담의 원죄는 없이 세상에 살면서 범죄하는 죄만 있다.
    ④ 아담의 원죄도 없고 세상의 죄도 없다.

20. 인간의 타락의 결과는 무엇입니까?

21. 성령이 직분을 행하실 때에 은혜를 베푸시는 방도가 아닌 것은 무엇입니까?
    ① 성경   ② 심판
    ③ 기도   ④ 성례

22. 세례와 성찬 중 각 항에 해당하는 번호를 보기에서 찾아 적으세요.

세례 :

성찬 :

━━━━ ❚ 보 기 ❚ ━━━━

① 물을 가지고 성부와 성자와 성령의 이름으로 씻음
② 우리가 그리스도와 합하는 표적과 인침
③ 성령으로 거듭남과 새롭게 하심과 주께 속한 것임을 약속하는 것
④ 그리스도의 죽으심을 기념하여 떡과 잔에 참여하는 것
⑤ 그리스도 안에서 신앙을 고백하는 자와 그들의 자녀들에게 베푸는 것
⑥ 믿는 자와 그의 죽으심으로 인하여 얻은 유익을 인쳐 증거하는 표
⑦ 주께서 오실 때까지 주의 백성이 행할 것
⑧ 더욱 주를 섬기기로 언약함과 주와 및 여러 교우로 더불어 교통하는 표

※ 다음 보기에서 맞는 답을 골라 적으세요.

━━━━ ❚ 보 기 ❚ ━━━━

① 시험　　　　② 죄악　　　　③ 죄인
④ 참하나님, 참사람　⑤ 사랑, 용서　⑥ 유익
⑦ 의로운 자　　⑧ 구원

23. 우리의 시조가 선악 간에 택할 자유가 있었는데 □□을 받아 하나님께 범죄하였다.

24. 예수 그리스도가 가지고 있는 특수한 두 가지 성품은 무엇입니까?

25. 예수 그리스도는 누구를 대신하여 하나님의 법을 완전히 복종하시고 십자가에 죽으시고 부활하셨습니까?

26. 성례의 □□은 그리스도의 복 주심과 믿음으로써 성례를 받는 자 가운데 계신 성령의 역사하심에 있다.

2_ 요리문답 문제

1. 사람의 제일되는 목적은 무엇입니까?

2. 하나님을 영화롭게 하며 그를 즐거워하는 방법을 우리에게 지시하여 주는 유일한 법칙은 무엇입니까?

3. 성경은 주로 사람이 하나님께 대하여 어떻게 □□□ 하며, 하나님이 사람에게 □□하는 의무가 무엇인가 하는 것을 가르칩니다.

4. 하나님은 그의 존재, 지혜, 능력, 거룩, 공의, 선하심, 그리고 진리에 있어서 무한하시고 □□ □□하시는 영이십니다.

5. 하나님의 신격에는 몇 위가 계십니까?
   ① 이위   ② 일위   ③ 삼위

6. 다음은 무엇에 관한 설명입니까?

> 그가 뜻하시는 바를 따라 정하신 그의 영원한 목적이며, 이 목적에 의하여 하나님은 자기의 영광을 위하여서 장차 일어날 모든 것을 미리 정해 놓으신 것입니다.

7. 하나님이 그 예정을 어떻게 실행하십니까?
   ① 성령으로   ② 공의로
   ③ 사랑으로   ④ 창조와 섭리의 일로

8. 하나님은 창조의 사역을 무엇으로 하셨습니까?
   ① 전능하신 손으로   ② 주의 지팡이로
   ③ 말씀으로   ④ 기도로

9. 하나님이 그의 능력의 말씀에 의하여 며칠 동안에 이 세상을 창조하셨습니까?
   ① 3일   ② 7일   ③ 6일   ④ 40일

10. 하나님께서 자기의 형상대로 □□와 □□를 창조하셨고, 지식과 거룩함이 있게 하사 피조물들을 □□□□ 하셨습니다.

11. 하나님께서 사람을 만드시고 첫째로 금하신 것은 무엇입니까?

※ 다음 문제를 읽고 맞으면 O, 틀리면 ✕표 하세요(12 - 13번).

12. 우리의 처음 시조는 창조 때 타고난 신분을 계속 유지했다. (   )

13. 온 인류가 아담의 처음 범죄 때 함께 타락했다. (   )

14. 관계된 것끼리 연결하세요.
    ① 창조 •　　　　• ㉠ 하나님의 법을 순종함에 부족한 것
    　　　　　　　　　　이나 그것을 범하는 것
    ② 섭리 •　　　　• ㉡ 그의 모든 피조물과 그들의 활동을
    　　　　　　　　　　지극히 거룩하고 지혜롭고 능력 있
    　　　　　　　　　　게 보존하고 다스리는 것
    ③ 죄 •　　　　• ㉢ 하나님이 그의 능력의 말씀에 의하
    　　　　　　　　　　여 엿새 동안에 아무것도 없는 중에
    　　　　　　　　　　서 만물을 지으신 것

15. 우리의 처음 시조가 창조함을 받았을 때의 타고난 신분에서 타락한 원인이 된 죄는 무엇입니까?

16. 하나님께서 선택하신 이의 구속자가 누구이십니까?

17. 그리스도가 하나님의 아들이신데 어떻게 사람이 되셨습니까?

18. 그리스도의 낮아지신 것은 그가 □□한 상태에 태어나시고 □□ 아래 있으며, 이 세상의 비참과 하나님의 진노와 □□□의 저주의 죽음을 당하신 것과 매장되어 얼마 동안 □□의 권세 아래 남아 있었던 것입니다.

19. 다음은 그리스도의 어떠한 직무에 대한 설명입니까?
    ① 예언자　　② 구속자　　③ 제사장　　④ 왕

    > 그의 말씀과 성령에 의하여 우리의 구원을 위한 하나님의 뜻을 우리에게 계시함으로써 하십니다.

20. 그리스도가 우리의 구속자로서 하시는 직무는 무엇입니까?
    ① 우리 마음에 오셔서 구원하신다.
    ② 낮아지시고 높아지신 두 상태에 있어 예언자와 제사장과 왕의 직무를 수행하신다.
    ③ 그의 말씀과 성령에 의하여 우리의 구원을 위한 하나님의 뜻을 우리에게 계시함으로써 하신다.
    ④ 우리를 하나님과 화해시키기 위하여 단번에 자신을 희생의 제물로 바치심으로써 하신다.

21. 그리스도가 제사장의 직무를 어떻게 수행하십니까?
    ① 말씀과 성령에 의하여 우리의 구원을 위한 하나님의 뜻을 우리에게 계시하심
    ② 하나님의 공의를 만족시키시고, 우리를 하나님과 화해시키시기 위하여 단번에 자신을 희생의 제물로 바치신 일과 우리를 위하여 계속 중재하심
    ③ 우리를 자기에게 복종케 하는 일과 우리를 다스리시고 지켜 주심
    ④ 우리의 모든 원수들을 제재하고 정복하심

22. "우리를 자기에게 복종케 하는 일과 우리를 다스리시고 지켜 주시는 일"은 그리스도의 어떤 직무입니까?
    ① 예언자   ② 구속자   ③ 제사장   ④ 왕

23. "그리스도의 높아지심은 □□ 만에 죽은 자들 가운데서 다시 □□ □□ 것과 하늘에 □□□ 것과 하나님 아버지의 □□에 앉으신 것과 마지막 날에 세상을 □□ 하러 오시는 것입니다."

24. 우리는 어떻게 그리스도가 값 주고 사신 그 구속에 참여자가 됩니까?

25. "효과적인 부르심이란 하나님의 영의 사역인 바, 우리의 □와 비참을 확실히 알게 하시고, 그리스도에 대한 □□으로 우리의 마음을 밝게 하시며, 우리의 뜻을 □□□ 하십니다. 그는 복음 안에서 우리에게 값없이 주신 □□ □□□□를 받아들이도록 우리를 설복하시며 또한 그렇게 할 □을 주십니다."

26. 효과적으로 부르심을 받은 자들이 이 세상에서 누리는 혜택이 아닌 것은 무엇입니까?
    ① 의롭다 하심
    ② 양자로 삼으심
    ③ 늘 풍족함
    ④ 거룩하게 하심

27. 다음 중 하나님이 값없이 우리에게 주시는 은혜의 내용들이 바르게 짝지어지지 않은 것은 무엇입니까?
    ① 늘 풍족케 하심 – 우리의 부족을 아시고 우리의 요구에 늘 귀를 기울이시고 계심을 말함
    ② 의롭다 하심 – 우리의 모든 죄를 용서하시고 그가 보시기에 의로운 자로 우리를 받아 주시는 것을 말함
    ③ 양자로 삼으심 – 우리를 그의 자녀들의 수효 속에 받아 주시며, 그의 모든 특권을 우리에게 주시는 것임
    ④ 거룩하게 하심 – 우리의 영육 전체가 하나님의 형상을 따라서 새로워지며, 점점 더 죄에 대하여 죽고 의에 대하여 살 수 있게 하시는 것임

28. 신자들이 죽을 때 그리스도로부터 받는 혜택들에 ○표, 아닌 것에 ×표 하세요.

① 영혼은 완전히 거룩하여짐 (　) ② 즉시로 영광에 들어감 (　)
③ 신자임을 공적으로 인정받음 (　)
④ 완전한 축복을 받음 (　)
⑤ 육체는 그리스도와 연합된 그대로 부활 때까지 무덤에서 쉬게 됨 (　)

29. "부활 때에 신자들은 □□ 중에 일으킴을 받아서 □□ 날에 신자임을 공적으로 인정을 받고 무죄 선고를 받으며, 영원토록 하나님을 흡족하게 즐기는 완전한 □□ 을 받게 되는 것입니다."

30. 하나님께서 사람에게 요구하시는 의무는 무엇입니까?
    ① 계시된 뜻에 복종　　　② 쉬지 않는 기도
    ③ 범사에 감사　　　　　④ 감사의 헌금

31. 하나님이 사람에게 처음 계시하신 도덕법이 요약되어 담겨 있는 곳은 어디입니까?
    ① 처음 사람과 나누신 대화 중에
    ② "중앙의 과실을 따먹지 말라" 하신 명령 중에
    ③ 홍수로 세상을 벌하신 후 노아와 약속하신 말씀 중에
    ④ 모세에게 내리신 십계명 중에

32. 십계명의 요지는 무엇입니까?

33. 십계명을 적으세요.
    1계명 :　　　　　　　　2계명 :
    3계명 :　　　　　　　　4계명 :
    5계명 :　　　　　　　　6계명 :
    7계명 :　　　　　　　　8계명 :
    9계명 :　　　　　　　　10계명 :

34. 다음 각 계명들과 그 계명들이 요구하는 것을 바르게 연결하세요.
   ① 1계명 •
   ② 2계명 •
   ③ 3계명 •
   ④ 4계명 •
   ⑤ 5계명 •
   ⑥ 6계명 •
   ⑦ 7계명 •
   ⑧ 8계명 •
   ⑨ 9계명 •
   ⑩ 10계명 •

   • ㉠ 우리가 정당한 노력을 다해서 우리 자신의 생명과 다른 사람들의 생명을 보존하는 일
   • ㉡ 여러 가지 위치와 관계에 있는 각 사람에게 마땅히 드릴 존경을 드리고 의무를 수행하는 것
   • ㉢ 마음과 말과 행위에 있어서 우리 자신과 우리 이웃의 정절을 보존하는 일
   • ㉣ 우리 자신과 남들의 재산과 신분을 정당하게 얻고 또 증진시키는 일
   • ㉤ 사람과 사람 사이의 진실과 우리 자신과 우리 이웃 간의 좋은 평판을 유지하고 증진시키는 일
   • ㉥ 우리 이웃과 그에게 속한 모든 것에 대하여 옳고 사랑하는 마음을 가지면서 우리 자신의 처지에 대하여는 완전히 만족을 느끼는 일
   • ㉦ 하나님을 유일하신 참하나님과 우리의 하나님으로 알고 인정하는 것
   • ㉧ 하나님께서 그의 말씀 가운데서 지정하신 종교적 예배와 법령을 순수하게, 그리고 전부 받아들이고 행하고 지키는 것
   • ㉨ 하나님의 이름과 칭호와 속성과 법령과 말씀과 사역을 거룩하게, 그리고 존경심을 가지고 사용하는 것
   • ㉩ 하나님께서 그의 말씀으로 지정하신 바와 같은 그러한 일정한 때들을 하나님 앞에서 거룩하게 지키고 특별히 이레 중 한 날을 온전히 하나님의 거룩한 안식일로 삼으라는 것

35. 둘째 계명에 나타나 있는 하나님은 어떤 하나님입니까?
    ① 공의의 하나님　　　② 구원의 하나님
    ③ 질투의 하나님　　　④ 정의의 하나님

36. 둘째 계명에서 금한 것이 무엇입니까?

37. 안식일을 거룩하게 하는 방법이 무엇입니까?

38. "세상 처음부터 그리스도의 □□ 까지 하나님께서 한 주간의 □ □□ 날을 정하여 매 주간의 안식일을 삼으셨으며 그 후부터 세상 마지막까지는 한 주간의 □□ 을 안식일로 삼으셨습니다. 이 날은 그리스도인의 안식일입니다."

39. 우리가 부모를 공경할 때 받을 수 있는 축복은 무엇입니까?
    ① 장수의 복　　　② 물질의 복
    ③ 명예의 복　　　④ 자녀의 복

40. 모든 죄가 마땅히 받을 보응이 무엇입니까?

41. 죄 때문에 마땅히 당할 하나님의 진노와 저주를 피하게 하시려고 하나님께서 우리에게 요구하시는 것은 무엇입니까?
    ① 선한 삶을 사는 것
    ② 예수 그리스도를 믿고 생명에 이르는 회개를 하는 일
    ③ 늘 불쌍한 자를 돌아보는 것
    ④ 하나님의 계명을 완전히 지키는 일

42. "사람과 사람 사이의 진실과 우리 자신과 우리 이웃 간의 좋은 평판을 유지하고 증진시키는 일"을 요구하고 있는 계명은 몇째 계명입니까?

① 다섯째 ② 일곱째
③ 여덟째 ④ 아홉째

43. 그리스도께서 구속의 혜택을 우리에게 전달하시는 데 쓰시는 외형적인 방법들이 아닌 것은 무엇입니까?
① 말씀 ② 금식
③ 성례 ④ 기도

44. "예수 그리스도를 믿는다는 것은 일종의 구원의 은총입니다. 그것에 의하여 우리는 복음에서 우리에게 제시된 대로의 그분만을 □□ 들이고 □□ 하여 □□ 을 얻는 것입니다."

45. 그리스도께서 세우신 거룩한 예식은 무엇입니까?

46. 우리가 그리스도께 접붙임을 받음과 은혜의 언약의 혜택들에 참여함과 우리가 주님의 것이 된다는 약속을 표시하고 확증하는 예식은 무엇입니까?
① 세례 ② 제사
③ 성찬 ④ 예배

47. 그리스도께서 정하신 대로 떡과 포도주를 주고받음으로써 그리스도의 죽으심을 나타내 보이는 예식은 무엇입니까?
① 세례 ② 제사
③ 성찬 ④ 예배

48. 세례는 누구에게 베풀 수 있습니까?

49. 신약성경이 말하는 성례는 어느 것들입니까?

50. 다음 중 성찬을 합당하게 받기 위해 요구되는 요소가 아닌 것은 무엇입니까?
    ① 주님의 몸을 분간하는 지식
    ② 다른 사람 앞에서 그리스도를 향한 믿음을 간증하는 용기
    ③ 그리스도를 먹고 마시는 그들의 믿음
    ④ 회개와 사랑과 새 복종에 대해서 스스로를 살피는 것

51. 다음은 기도에 대한 설명입니다. 옳지 않은 것을 모두 고르세요.
    ① 우리의 소원을 하나님께 아뢰는 일입니다.
    ② 우리의 죄를 고백하는 것입니다.
    ③ 큰 소리로 하나님께 외치는 것입니다.
    ④ 그리스도의 자비를 감사한 마음으로 인정하는 것입니다.
    ⑤ 하나님의 뜻에 맞는 것들을 그리스도의 이름으로 아뢰는 것입니다.
    ⑥ 금식기도는 다른 기도보다 더 효과적으로 하나님께서 들어주십니다.

52. 하나님의 말씀 전체가 우리의 기도의 지침이 됩니다. 그러나 그리스도께서 그의 제자들에게 가르치신 이것은 그 형식이 기도의 특수한 지침입니다. 이것은 무엇입니까?

53. 주님의 기도를 적으세요.

※ 53, 54번 문항은 헌법 제1편 교리의 요리문답 문 99~107을 참조하세요.

54. 다음을 바르게 연결하세요.
    ① 하늘에 계신 우리 아버지여 • • ㉠ 언제나 도울 뜻을 가지고 계시는 하나님께 거룩한 존경심과 확신을 가지고 가까이 가라는 것

    ② 이름이 거룩히 여김을 받으시오며 • • ㉡ 오직 하나님께로부터만 기도의 용기를 얻을 것

    ③ 나라가 임하시오며 • • ㉢ 유혹을 당할 때에는 우리를 붙들어 구출해 주시옵소서 하는 것

    ④ 뜻이 하늘에서 이루어진 것같이 땅에서도 이루어지이다. • • ㉣ 우리의 모든 죄를 거저 용서해 주시옵고 하는 것

    ⑤ 오늘 우리에게 일용할 양식을 주시옵고 • • ㉤ 이 세상에서 좋은 것들을 충분히 받고 그것들과 아울러 하나님의 축복을 즐기는 것

    ⑥ 우리가 우리에게 죄 지은 자를 사하여 준 것같이 우리 죄를 사하여 주시옵고 • • ㉥ 모든 일에 있어서 하나님의 뜻을 알고 그것에 복종하도록 하여 달라는 것

    ⑦ 우리를 시험에 들게 하지 마시옵고, 다만 악에서 구하시옵소서. • • ㉦ 사단의 왕국이 파괴되는 것과 은혜의 왕국이 발전되어 우리들과 또 남들이 그리로 인도되어 그 안에 있게 되는 것과 영광의 왕국이 하루속히 임하는 것

    ⑧ 나라와 권세와 영광이 아버지께 영원히 있사옵나이다. 아멘. • • ㉧ 모든 일을 그 자신의 영광을 위하여 처리하시라는 것

3_ 정치 문제

1. 대한예수교장로회 헌법에 명시되어 있는 정치원리인 것에는 ○표, 아닌 것에 ×표 하세요.
   ① 양심의 자유 (   )   ② 교회의 자유 (   )
   ③ 진리와 행위 (   )   ④ 교회의 직원 (   )
   ⑤ 집회의 자유 (   )   ⑥ 치리권 (   )
   ⑦ 권징 (   )

2. 교회를 두 가지로 구별할 수 있습니다. 무엇과 무엇입니까?

3. 지교회의 설립 절차를 쓰세요.

4. 지교회를 설립코자 할 때 세례교인(입교인)이 몇 인 이상이 있으면 노회에 청원하여 허락을 받을 수 있습니까?
   ① 10인   ② 15인   ③ 20인   ④ 30인

5. 교인을 신급에 따라 어떻게 구분할 수 있습니까?

6. 교인의 구분내용을 바르게 쓰세요.
   ① 원입교인 : 예수를 믿기로 결심하고 □□예배에 참석하는 자
   ② 유아세례교인 : 세례교인(입교인)의 자녀(□세 이하)로서 유아세례를 받은 자
   ③ 아동세례교인 : (□-□세 이하)로서 □□를 받은 자
   ④ 세례교인(입교인) : 유아세례교인으로서 입교한(□세 이상) 자 또는 원입교인(□세 이상)으로서 세례를 받은 자

7. 교인의 의무와 권리는 무엇입니까?
   ① 의무 :   ② 권리 :

8. 교인이 특별한 사정으로 인하여 다른 교회로 이명하고자 하는 경우에는 몇 개월 이내에 소속 당회에 이명 청원을 하여야 합니까?

9. 교인이 신고 없이 교회를 떠나 회원권이 정지되는 기간과 실종교인이 되는 기간이 바르게 짝지어진 것은 어느 것입니까?
   ① 6개월-1년   ② 1년-1년 6개월
   ③ 1년-2년   ④ 1년 6개월-2년

10. 회원권이 정지된 교인이 다시 본 교회로 돌아온 때에는 □개월이 경과된 후 당회의 결의로 복권시킬 수 있고, 실종교인된 자는 □년이 경과된 후 당회의 결의로 복권시킬 수 있다.

11. 교회의 직원은 □□□과 □□□으로 구분합니다.

12. 다음에 해당되는 직분에는 어떠한 것들이 있으며, 그 시무 기간은 얼마입니까?
    항존직 :   임시직 :

13. 위임목사에 대한 설명으로 맞는 것은 무엇입니까?
    ① 지교회의 청빙으로 노회의 위임을 받은 목사
    ② 노회의 청빙으로 지교회의 위임을 받은 목사
    ③ 한 교회에서 20년 이상 시무한 목사
    ④ 한 노회에서 20년 이상 시무한 목사

14. "목사는 하나님의 □□으로 교훈하며, □□를 거행하고, □□을 축복하며, □□와 협력하여 치리권을 행사한다."

15. 다음 목사의 칭호와 설명이 바르게 연결된 것이 아닌 것은 무엇입니까?
    ① 부목사 – 위임목사를 보좌하는 목사
    ② 원로목사 – 한 교회에서 20년 이상을 목사로서 시무하던 목사가 노회(폐회 중에는 정치부와 임원회)에 은퇴 청원을 할 때나 은퇴 후 교회가 그 명예를 보존하기 위하여 추대한 목사
    ③ 선교목사 – 다른 민족에게 전도하기 위하여 외국에 파송한 목사
    ④ 무임목사 – 정당한 이유 없이 10년 이상을 계속 무임으로 있는 목사

16. 위임목사의 청빙은 당회의 결의와 공동의회의 출석회원의 얼마 이상의 찬성을 얻어야 합니까?
    ① 2분의 1   ② 4분의 3   ③ 3분의 2   ④ 3분의 1

17. 목사의 자격에 해당하지 않는 것은 어느 것입니까?
    ① 무흠한 세례교인(입교인)으로 7년을 경과한 자
    ② 기도에 능이 있는 자
    ③ 총회 목사고시에 합격한 자
    ④ 자기의 가정을 잘 다스리는 자

18. 목사의 임직식과 위임식은 어디에서 주관합니까?
    ① 공동의회   ② 당회
    ③ 노회   ④ 총회

19. 목사의 의의로 맞지 않은 것은 무엇입니까?
    ① 교회의 신령상 관계를 살피며, 교인들이 교리를 오해하거나 도덕적으로 부패하지 않도록 교인을 권면합니다.
    ② 그리스도를 봉사하는 종 또는 사자이며, 모든 교인의 모범이 되어 교회를 치리하는 장로입니다.
    ③ 예수 그리스도의 양인 교인을 양육하는 목자이며, 그리스도의 말씀으로 교인들을 깨우치는 교사입니다.
    ④ 그리스도의 설립한 율례를 지키는 자인고로 하나님의 도를 맡은 청지기이며, 구원의 복된 소식을 전하는 전도인입니다.

20. 다음 중 장로의 자격이 아닌 것은 무엇입니까?
    ① 상당한 식견과 통솔의 능력이 있는 자
    ② 무흠 세례교인(입교인)으로 7년을 경과한 자
    ③ 40세 이상 된 자
    ④ 성서신학원 졸업자

21. 세례교인(입교인) 몇 인당 장로 1인씩을 증원할 수 있습니까?
    ① 10인   ② 20인
    ③ 30인   ④ 40인

22. "단정하고 일구이언을 하지 아니하며 깨끗한 양심에 믿음의 비밀을 가진 자로서(디모데전서 3 : 8~10) 무흠 세례교인(입교인)으로 5년을 경과하고 35세 이상 된 남자"는 어떤 직분에 대한 자격 설명입니까?

23. 다음 직분과 그 직무를 바르게 연결하세요.
    ① 목사 •   • ㉠ 헌금을 수납하며, 구제에 관한 일을
                         담당한다.
    ② 장로 •   • ㉡ 교인들이 교리를 오해하거나 도덕
                         적으로 부패하지 않도록 교인을 권
                         면한다.
    ③ 집사 •   • ㉢ 성례를 거행하고 교인을 축복한다.
    ④ 권사 •   • ㉣ 미조직교회에서는 당회장의 허락으
                         로 제직회 임시 회장이 될 수 있다.
    ⑤ 전도사 •   • ㉤ 교역자를 도와 궁핍한 자와 환난당
                         한 교우를 심방하고 위로하며 교회
                         에 덕을 세우기 위해 힘쓴다.

24. 다음 중 공동의회에서 총 투표수의 3분의 2 이상의 득표를 얻어야
    선출되는 직분은 무엇입니까?
    ① 장로   ② 집사   ③ 권사   ④ 서리집사

25. 다음은 집사 및 권사의 임직 절차들을 적은 것입니다. 순서에 맞
    게 번호를 적으세요.
    (   ) 당회결의로 교회가 임직
    (   ) 3개월 이상 당회의 지도 아래 교양을 받음.
    (   ) 당회의 결의로 공동의회에서 투표수의 과반수 득표로 선
          출됨.

26. 한 교회에서 20년 이상 장로로 시무하고 은퇴하는 경우에 교회가
    그의 명예를 보존하기 위하여 공동의회의 출석회원 과반수의 결
    의로 추대한 장로를 무엇이라 부릅니까?
    ① 원로장로   ② 공로장로   ③ 은퇴장로   ④ 수석장로

27. 전도사의 자격과 직무에 대한 설명 중 틀린 것은 무엇입니까?
    ① 신학교 또는 성서학원 졸업자로서 무흠 세례교인(입교인)으로 5년을 경과하고 노회 전도사고시에 합격한 자
    ② 시무장로는 전도사를 겸할 수 있다.
    ③ 25세 이상 된 자
    ④ 미조직교회에서는 당회장의 허락으로 제직회 임시 회장이 될 수 있다.

28. 장로, 집사, 권사의 임직 절차를 쓰세요.

29. 자의사직을 한 자가 복직키 위해 당회원 3분의 2 이상의 결의로 공동의회에서 출석회원 3분의 2 이상의 복직 결의를 받아야 하며, 임직 때와 같은 서약을 해야 하는 직분에 ○표, 아닌 것에 ×표 하세요.
    ① 목사 (   )   ② 전도사 (   )   ③ 장로 (   )
    ④ 집사 (   )   ⑤ 권사 (   )   ⑥ 서리집사 (   )

30. 치리회는 어떻게 구분합니까?

31. "치리회는 교회의 평화와 □□를 유지하며 □□과 □□의 권한을 행사한다. 각급 치리회는 □□에 규정하는 바에 의하여 자체의 규칙을 제정할 수 있다."

32. 당회의 조직은 세례교인(입교인) 몇 인 이상이 있어야 합니까?
    ① 10인   ② 20인   ③ 30인   ④ 40인

33. 당회의 개회성수는 당회장을 포함한 당회원 얼마의 출석으로 개회할 수 있습니까?

① 1/3 이상　② 1/2 이상　③ 2/3 이상　④ 1/4 이상

34. 당회장에 대한 설명입니다. 틀린 것은 무엇입니까?
    ① 당회장은 총회가 임명한다.
    ② 당회장은 그 교회 시무목사가 된다.
    ③ 미조직교회의 당회권은 당회장이 행사한다.
    ④ 대리당회장은 은퇴목사에게도 이를 맡길 수 있다.

35. 당회는 어떠한 경우에 당회장이 소집할 수 있습니까?
    ① 당회원 1/3 이상이 당회 소집을 요구할 때
    ② 교인의 1/3 이상이 당회 소집을 요구할 때
    ③ 당회장이 당회를 소집할 필요가 있을 때
    ④ 교인의 1/2 이상이 당회 소집을 요구할 때

36. 연합당회를 조직하는 규정은 어떤 것입니까?

37. 당회가 비치할 명부는 무엇입니까?

38. 다음은 당회에서 총대장로를 파송할 수 있는 규정입니다. ☐를 채우세요.
    ① 세례교인(입교인) ☐인까지 1인
    ② 세례교인(입교인) 101인~200인까지 ☐인
    ③ 세례교인(입교인) 201인~ ☐인까지 3인
    ④ 세례교인(입교인) ☐인~ ☐인까지 4인
    ⑤ 세례교인(입교인) ☐인~ ☐인까지 5인
    ⑥ 세례교인(입교인) ☐인~ ☐인까지 6인
    ⑦ 세례교인(입교인) ☐인을 초과할 때에는 매 1인 이상 1,000인까지 1인씩 증원 파송할 수 있다.

39. 노회의 개회성수는 회원(시무목사와 총대장로) 얼마의 출석으로 개회할 수 있습니까?
    ① 각 과반수   ② 1/3 이상   ③ 2/3 이상   ④ 회집된 회원

40. 노회를 구성할 수 있는 요건이 바르게 짝지어진 것은 무엇입니까?
    ① 시무목사 15인 이상 - 당회 15처(조직교회) 이상 - 세례교인(입교인) 2,000인 이상
    ② 시무목사 10인 이상 - 당회 10처(조직교회) 이상 - 세례교인(입교인) 1,000인 이상
    ③ 시무목사 15인 이상 - 당회 15처(조직교회) 이상 - 세례교인(입교인) 1,000인 이상
    ④ 시무목사 30인 이상 - 당회 30처(조직교회) 이상 - 세례교인(입교인) 3,000인 이상

41. 노회가 지교회를 감독하는 치리권의 협조를 위하여 두는 것은 무엇입니까?

42. 노회의 언권회원이 될 수 없는 자는 누구입니까?
    ① 공로목사   ② 임시목사   ③ 무임목사   ④ 전 노회장

43. 임시노회를 소집할 수 있는 경우에 해당하는 것은 무엇입니까?
    ① 목사 5인 이상의 청원이 있을 때
    ② 목사, 장로 각 3인 이상의 청원이 있을 때
    ③ 시무처가 다른 목사 5인 이상의 청원이 있을 때
    ④ 시무처가 다른 목사, 장로 각 3인 이상의 청원이 있을 때

44. 다음 중 노회의 직무에 해당하는 것을 모두 고르세요.
    ① 각 당회록을 검사하며 교회 권징에 대한 문의를 해석하여 답변한다.
    ② 신학생 및 신학 졸업생을 관리한다.
    ③ 지교회의 장로 선택, 임직을 허락한다.
    ④ 장로와 전도사의 자격 고시를 한다.
    ⑤ 소속 지교회와 산하기관의 부동산을 관리하고 재산 문제로 사건이 발생하면 이를 처리한다.

45. "총회는 각 노회에서 동수로 파송한 총대목사와 총대장로로 조직한다. 파송 비율은 각 노회당 목사, 장로 각 ☐ 인을 기본수로 배정하고 나머지는 무흠 입교인 비율에 따라 목사, 장로 ☐ 수로 배정하되 회원 총수는 ☐☐☐ 명 이내로 한다."

46. 예배를 주관하고 소속 기관과 단체를 감독하고 신령적 유익을 도모하는 치리회는 무엇입니까?
    ① 총회   ② 노회   ③ 당회   ④ 제직회

47. 대한예수교장로회 헌법을 해석할 전권이 있는 치리회는 무엇입니까?
    ① 제직회   ② 당회   ③ 노회   ④ 총회

48. 모든 치리회는 누구로 구성합니까?

49. 공동의회 회원의 자격은 무엇입니까?
    ① 교인 전체   ② 어른들
    ③ 무흠 세례교인(입교인) 중 18세 이상인 자   ④ 직분자

50. 공동의회 개회성수는 얼마입니까?
    ① 1/2   ② 1/3   ③ 2/3   ④ 회집된 회원

51. 공동의회 의장과 서기는 누가 됩니까?
    ① 의장 :
    ② 서기 :

52. 공동의회는 당회의 결의로 당회장이 소집하되 얼마 전에 일시, 장소, 안건을 교회에 광고하여야 합니까?

53. 공동의회가 소집될 수 있는 경우가 아닌 것은 무엇입니까?
    ① 당회가 소집할 필요가 있을 때
    ② 제직회의 청원이 있을 때
    ③ 전체 교인 3분의 1 이상의 청원이 있을 때
    ④ 상회의 지시가 있을 때

54. 다음 중 제직회 회원이 될 수 있는 사람들에게 ○표, 될 수 없는 사람들에게 ×표 하세요.
    ① 시무목사 (   )   ② 은퇴집사 (   )   ③ 집사 (   )
    ④ 권사 (   )   ⑤ 전도사 (   )   ⑥ 원로장로 (   )

55. 제직회의 회장과 서기가 바르게 짝지어진 것은 어느 것입니까?
    ① 당회장-장로   ② 장로-당회원 중 1인 장로
    ③ 장로-안수집사   ④ 당회장-회에서 선정

56. 제직회의 개회성수는 얼마입니까?
    ① 교인수의 1/2   ② 입교인 1/2
    ③ 직분자의 1/2   ④ 출석수

57. 제직회의 결의 사항은 무엇입니까?
    ①
    ②
    ③
    ④
    ⑤

58. 제직회 소집이 가능한 사항에 ○표 하세요.
    ① 당회가 소집할 필요가 있을 때 (   )
    ② 상회의 지시가 있을 때 (   )

③ 회장이 제직회 소집의 필요를 인정할 때 (　　)
④ 교회 제직 3분의 1의 요청이 있을 때 (　　)

59. 조직교회와 미조직교회를 구분하는 것은 무엇입니까?
    ① 공동의회가 있는가 없는가에 따라
    ② 제직회가 있는가 없는가에 따라
    ③ 당회가 있는가 없는가에 따라
    ④ 노회에 가입했는가 아닌가에 따라

60. 대한예수교장로회의 최고 치리회는 무엇입니까?

61. 신학생 및 신학 졸업생의 관리는 어디에서 합니까?

62. 소속회나 기관 및 단체를 조직코자 하면 어디의 허락을 받아야 합니까?

63. 총회 재산과 노회 재산 중 지교회의 부동산은 어떻게 보존합니까?
    ① 총회 재산 :
    ② 노회 재산 중 지교회의 부동산 :

64. 노회의 재산 중 지교회 부동산과 동산은 각각 어디서 관리합니까?
    ① 부동산 :
    ② 동　산 :

65. 다음은 무엇에 관한 설명입니까?

> 총회는 효과적으로 복음을 전파하기 위하여 외국에서 파송한 사람을 받을 수 있다. 특히 의료, 교육, 기타 전문적 지식을 가진 자는 안수 받지 아니한 자라도 가능하다.

66. 대한예수교장로회 총회와 관계된 대표적인 선교 동역자 2개를 적으세요.

67. 총회가 출석회원 3분의 2 이상의 결의로 개정안을 작성하여 각 노회에 수의해야 하는 사항이 아닌 것은 무엇입니까?
    ① 헌법시행규정   ② 정치
    ③ 권징   ④ 예배와 예식

68. 다음 중 교리개정을 위한 절차에 해당하지 않는 것은 무엇입니까?
    ① 총회는 출석회원 3분의 2 이상의 가결로 개정안을 작성하여 각 노회에 수의한다.
    ② 각 노회에 수의된 개정안은 노회 3분의 1 이상의 가표를 얻어야 한다.
    ③ 각 노회는 수의된 안건의 투표 총수와 가부 투표수를 종합하여 총회장에게 보고한다.
    ④ 총회장은 각 노회에서 투표한 투표수를 종합하여 다음 총회에 보고 실시한다.

69. 총회는 헌법 개정위원 ☐인 이상을 선정하여 개정안을 작성케 하되 ☐☐가 과반이어야 한다.

4_ 권징 문제

1. 예수 그리스도께서 교회에 주신 권한을 행사하며 그 법도를 시행하는 것을 무엇이라 합니까?
   ① 예배   ② 성찬   ③ 교재   ④ 권징

2. 권징의 목적은 무엇입니까?

3. 교인과 직원, 각 치리회가 □□상의 계명에 대한 중대한 위반행위 등의 죄과(罪過)를 범한 때에는 □□에 의한 권징절차를 거쳐 □□한다.

4. 다음은 재판에서 범죄가 확인된 자에게 판결로써 정해지는 벌을 나열한 것입니다. 각 벌에 해당하는 대상자를 적으세요.
   ① 견책, 근신, 수찬정지, 출교 (   )
   ② 견책, 근신, 수찬정지, 시무정지, 시무해임, 정직, 면직, 상회총대파송정지 (   )
   ③ 상회 총대 파송 정지 (   )

5_
예배와 예식 문제

1. 예수 그리스도를 구세주로 영접한 하나님의 자녀들이 모이는 공동체를 무엇이라 부릅니까?

2. 예배의 준비와 질서를 맡아 수행해야 하는 임무를 가지고 있는 곳은 어디입니까?
   ① 제직회   ② 당회   ③ 공동의회   ④ 선교회

3. 그리스도인들은 오직 하나님의 은혜만을 생각하면서 예배를 드려야 하며, 성령님의 역사 아래서 □□□□의 선포와 성례전이 진행되도록 해야 한다. 특별히 □□ □□□□를 구원의 주님으로 영접하는 □□이 이 예배의 기본이 되어야 한다.

4. 기독교의 참된 예배는 하나님의 백성들이 하나님이 창조의 역사와 예수 그리스도를 통하여 구원의 역사를 이룩하신 사실을 깨닫고 감격하여 드리는 □□의 □□이다.

5. 성도들이 드리는 예배의 대상은 누구입니까?

6. 모든 예배에 참여하는 자들의 마음가짐으로 합당하지 않은 것은 어느 것입니까?
   ① 한마음 한뜻을 가진 공동체로서 하나님의 은총과 구속의 사랑을 찬양
   ② 허물과 죄를 뉘우치며 죄의 용서에 대한 감사
   ③ 주시는 말씀을 받아 흩어지는 교회로 계속되어야 함
   ④ 예배의 모든 순서에 처음부터 끝까지 관망하는 자세로 참여하고 응답

7. 예수 그리스도의 구속의 역사에 초점을 두기 위하여 제정한 교회력의 내용입니다. 바르게 짝지어진 것이 아닌 것은 어느 것입니까?
   ① 사순절 – 그리스도인들이 참회와 절제와 깊은 명상으로 수난의 길을 택하신 주님을 새롭게 영접할 준비를 하는 절기
   ② 대림절 – 주님의 재림을 고대하면서 주님을 사모하고 준비하고 기다리는 신앙을 고취시키는 절기
   ③ 성령강림절 – 초대교회의 오순절에 임하신 성령님의 임재와 역사하심에 의하여 살아가는 성도들의 생동력 있는 삶을 강조하는 절기
   ④ 승천일 – 하나님이 그리스도를 통하여 스스로 보여 주신 은총을 인식하면서 교회의 선교적 사명을 강조하는 절기

8. 공중예배의 항목을 열거한 것입니다. 예배의 기본 배열에 맞추어 괄호에 번호를 넣으세요.
   ① 말씀 (   )   ② 감사와 응답 (   )
   ③ 하나님 앞에 나아감 (   ) ④ 성례전 (   )
   ⑤ 찬송과 고백과 기도 (   ) ⑥ 찬송, 위탁의 말씀, 축도 (   )

9. 예수께서 친히 세우신 거룩한 예전으로 하나님이 사람에게 주시는 은총의 보이는 형태는 무엇입니까?

10. 공중예배에서 드리는 기도의 내용입니다. 바르지 않은 것은 무엇입니까?
    ① 하나님의 무한한 권세를 경배하는 내용
    ② 약간의 개인적인 소원을 아뢰는 내용
    ③ 하나님의 말씀을 불순종했던 죄를 고백하는 내용
    ④ 성령님의 은혜의 도우심 가운데 예배드릴 수 있도록 용납해 주실 것에 대한 내용

11. 공중예배 순서에서 평신도가 드리는 기도의 내용에 해당하지 않는 것은 무엇입니까?
    ① 감사   ② 자복
    ③ 말씀을 사모   ④ 축도

12. 예물봉헌에 관한 내용입니다. 바른 설명은 어느 것입니까?
    ① 예배 중의 순서로 정중히 행해져야 한다.
    ② 헌금을 위해 반드시 기도의 순서를 넣을 필요는 없다.
    ③ 봉헌된 예물은 제직회의 감독하에 사용된다.
    ④ 모든 성도들이 그 과정과 결과를 다 알 필요는 없다.

13. 성례전을 통하여 하나님과 그 백성들 간의 □□를 분명히 하고 예수 그리스도와 영적 교제를 가지고 그와 성도들과의 □□□ 관계를 가지게 된다.

14. 죄인이 죄의 용서를 받고, 그리스도의 사람이 되는 하나님의 은총의 표시는 무엇입니까?
    ① 설교   ② 성찬   ③ 세례   ④ 축도

15. □□ 성례전을 통하여 교회의 일원이 된 성도들은 □□ 성례전에서 보이는 하나님의 말씀으로 성장한다.

16. 예배의 종류를 써 보세요.

종합고시 문제집 제Ⅲ장

해 답

성 경
1. 구약성경 문제・주관식 / 157
2. 구약성경 문제・객관식 / 166
3. 신약성경 문제・주관식 / 169
4. 신약성경 문제・객관식 / 177

헌 법
1. 신조 문제 / 180
2. 요리문답 문제 / 181
3. 정치 문제 / 184
4. 권징 문제 / 187
5. 예배와 예식 문제 / 188

1_ 성경 문제 해답 | 구약성경 문제 주관식

1. 율법서(모세오경), 역사서, 시가서, 예언서
2. 첫째-빛, 둘째-궁창, 셋째-땅·바다·식물, 넷째-해·달·별, 다섯째-물고기·새, 여섯째-동물·사람, 일곱째-안식
3. 안식
4. 구스
5. ① 생육하라 ② 번성하라 ③ 충만하라 ④ 정복하라 ⑤ 다스리라
6. 생육하라
7. 하나님이 금한 선악과를 따 먹음.
8. 놋
9. 15절
10. ① 가인 ② 아벨
11. 므두셀라, 노아
12. 므두셀라
13. 라멕
14. 셋이 에노스를 낳았을 때
15. 셈, 함, 야벳
16. 3층, 고페르 나무
17. 600세
18. 노아, 셈, 함, 야벳, 노아의 아내, 세 며느리(8명)
19. 까마귀
20. 함
21. 교회(히 11:7)
22. 무지개
23. 목축업
24. 하란
25. 아브라함
26. 야발
27. 니므롯
28. 두발가인
29. 창세기 12:2
30. ①-ㄷ ②-ㄱ ③-ㅁ ④-ㄹ ⑤-ㄴ
31. 헤브론 마므레 상수리 수풀
32. 318명
33. 50-45-40-30-20-10
34. 멜기세덱, 십분의 일
35. 여호와를 믿으니

36. 에서, 야곱
37. 하갈
38. 유다
39. 이스라엘
40. 99세
41. ① 요셉
    ② 모세
42. 포피를 벰.
43. 여호와께서 준비하심.
44. 이스마엘, 86세
45. 소알
46. 벤암미
47. 아비멜렉
48. 은 1,000개
49. 이삭, 100세
50. 175세
51. 헷 족속
52. ① 아브라함(여러 민족의 아버지)
    ② 사라(여러 민족의 어머니)
53. 아브라함의 집 모든 소유를 맡은 늙은 종
54. 나홀
55. 브두엘
56. 에돔
57. 아비멜렉
58. 야곱
59. 창 28 : 20-22
60. 벧엘
61. 루스
62. 130세
63. 실바, 빌하
64. 디나, 레아, 라헬
65. 단
66. 드라빔
67. 갈르엣, 여갈사하두다, 미스바
68. 브니엘
69. 엘엘로헤이스라엘
70. ① 라헬, 레아, 빌하, 실바
    ② 르우벤, 시므온, 레위, 유다, 잇사갈, 스불론, 단, 납달리, 갓, 아셀, 요셉, 베냐민
71. 레아, 하몰, 세겜, 시므온, 레위
72. 이방 신상들, 귀고리들
73. 빌하
74. 세라, 베레스
75. 유다
76. 므낫세, 에브라임
77. 엘
78. 술 맡은 자, 떡 굽는 자
79. 술 맡은 관원장
80. ① 살진 일곱 암소를 흉하고 파리한 일곱 암소가 잡아먹음.
    ② 무성하고 충실한 일곱 이삭을 마른 일곱 이삭이 삼킨다.
81. 사브낫바네아
82. 아스낫
83. 은잔
84. 고센(라암셋)
85. ① 에브라임 ② 므낫세

86. ①-ㄴ ②-ㄱ ③-ㄹ
    ④-ㄷ ⑤-ㅁ
87. ①-ㄴ ②-ㄷ ③-ㄹ
    ④-ㅁ ⑤-ㅂ ⑥-ㅅ
    ⑦-ㄱ
88. ① 애굽에서 태어남(출 2:1-10).
    ② 미디안 망명(출 2:15)
    ③ 호렙산에서의 하나님의 부르심(출 3장).
    ④ 애굽으로 돌아와 바로 앞에 섬(출 5장).
89. 호렙산
90. ① 지팡이가 뱀이 되게 함.
    ② 손에 한센병(나병)이 생기게 함.
91. 그리스도의 희생
92. 피-개구리-이-파리-가축의 돌림병-악성 종기-우박-메뚜기-흑암-장자의 죽음
93. ① 요술사 ② 바로 ③ 이
94. ① 애굽 곧 종 되었던 집에서 나온 그 날을 기념하여 유교병을 먹지 말라.
    ② 아빕월 이레
95. 피 남편
96. 430년
97. 60만
98. 구름기둥, 불기둥
99. ① 떡 ② 고기
100. ① 반석에서 물이 나옴.
    ② 아말렉 전쟁
101. ① 게르솜-객
    ② 엘리에셀-하나님이 도우심.
102. 천부장, 백부장, 오십부장, 십부장
103. 시내산, 모세
104. 여호와는 나의 기
105. ① 무교절-애굽에서 나온 기념
    ② 맥추절(칠칠절, 초실절)-첫 열매 거둠
    ③ 수장절-수고하여 이룬 것을 연말에 거두어 저장
106. ③-②-①
107. 레위, 아론
108. 아론, 1번, 7월 10일
109. ① 번제-여호와께 예물(가축) 드릴 때
    ② 소제-고운 가루로 예물 드림
    ③ 화목제-감사제
    ④ 속죄제-계명 어겼을 때
    ⑤ 속건제-여호와의 성물 범죄했을 때
110. 흠 없는 숫양
111. 여호와, 아사셀
112. ① 6년 소출, 7년째 쉼
    ② 50년째 해에 땅의 모든 주민을 위해 자유 공포, 파종하지 않으며 거두지 않는다.
113. 나답, 아비후
114. 제사장
115. ① 포도주, 독주 금함

② 삭도 머리 대지 말 것
③ 시체 가까이하지 말 것
116. 아론의 지팡이에 움이 돋고 순이 나고 꽃이 피어서 살구 열매가 열림.
117. 발람
118. 부지 중에 살인한 자가 피할 성읍. 요단(베셀, 길르앗 라못, 바산 골란), 가나안(갈릴리 게데스, 세겜, 헤브론〈기럇 아르바〉)
119. 하나님이 반석에 명령하여 물을 내라 하였으나 지팡이로 반석을 쳐서 물을 냄.
120. 남자 출산-40일, 여자 출산-80일
121. ① 새 집 건축 후 낙성식을 행하지 못한 자
② 포도원을 만들고, 그 과실을 먹지 못한 자
③ 여자와 약혼하고 그와 결혼하지 못한 자
④ 두려워서 마음이 허약한 자
122. ① 창기가 번 돈
② 개 같은 자의 소득
123. 광야로 보냄.
124. 에브라임, 므낫세
125. 50세
126. 여호수아, 갈렙
127. 석류, 무화과, 포도
128. 헷, 기르가스, 아모리, 가나안, 브리스, 히위, 여부스
129. 분깃이나 기업이 없는 레위인, 객, 고아, 과부
130. 그리심산, 에발산
131. 속죄하여 모든 죄가 여호와 앞에 정결
132. 건져 냄.
133. 모세가 아론과 그의 아들들을 데려다가 물로 씻김
134. ① 너는 나 외에는 다른 신들을 네게 두지 말라.
② 너를 위하여 새긴 우상을 만들지 말고 또 위로 하늘에 있는 것이나 아래로 땅에 있는 것이나 땅 아래 물속에 있는 것의 어떤 형상도 만들지 말며, 그것들에게 절하지 말며, 그것들을 섬기지 말라.
③ 너는 네 하나님 여호와의 이름을 망령되게 부르지 말라.
④ 안식일을 기억하여 거룩하게 지키라.
⑤ 네 부모를 공경하라.
⑥ 살인하지 말라.
⑦ 간음하지 말라.
⑧ 도둑질하지 말라.
⑨ 네 이웃에 대하여 거짓 증거하지 말라.
⑩ 네 이웃의 집을 탐내지 말라.
135. 가나안에 들어가기를 겁먹고, 하나님을 원망

136. 사울, 다윗, 솔로몬
137. 언약궤 곁
138. 250명
139. 여호수아
140. 율법책
141. 라합
142. 르우벤 지파, 갓 지파, 므낫세 반 지파
143. 아간이 노략물 일부를 감춤.
144. 르우벤, 갓, 므낫세 반 지파
145. 아모리인들을 다 정복할 때까지 태양과 달이 멈추었다. 또는 태양이 머물고 달이 멈춤.
146. 사사
147. ① 이스라엘 백성을 노략자 손에서 구원
　　② 옷니엘, 에훗, 삼갈, 드보라, 기드온, 돌라, 야일, 입다, 입산, 엘론, 압돈, 삼손
148. 300명, 나팔, 빈 항아리, 횃불
149. ①-ㄷ ②-ㄴ ③-ㄱ
　　④-ㅂ ⑤-ㅁ ⑥-ㄹ
　　⑦-ㅅ
150. 사무엘
151. 모압
152. ① 어머니께서 가시는 곳에 나도 가고 어머니께서 머무시는 곳에서 나도 머물겠나이다.
　　② 어머니의 백성이 나의 백성이 되고 어머니의 하나님이 나의 하나님이 되시리니
　　③ 어머니께서 죽으시는 곳에서 나도 죽어 거기 묻힐 것이라
153. 보아스
154. 3 아들, 2 딸 낳음.
155. 미스바
156. 도움의 돌
157. 아말렉을 모두 진멸하라는 하나님의 말씀에 불순종하여 아각 왕과 좋은 것들을 남겨 둠.
158. 중심을 보심
159. 골리앗
160. 신접한 여인이 부른 사무엘 (삼상 28 : 11 - 19)
161. 요나단, 아비나답, 말기수아
162. 요나단의 아들 므비보셋에게 사울의 모든 밭을 주고, 항상 다윗 왕과 식사를 같이함.
163. 나단, 부한 사람과 가난한 사람과의 비유
164. 85명
165. ① 우리아 ② 밧세바
166. 사울이 기브온 사람을 죽였기 때문에
167. 사흘 동안 전염병, 7만 명
168. 후새
169. 엘가나, 한나
170. 베냐민, 기스
171. 기브온

172. 잠언-3,000, 노래-1,005
173. ① 7년 ② 13년
174. 야긴, 보아스
175. 스바의 여왕
176. ① 느밧, 여로보암
　　 ② 솔로몬, 르호보암
177. 예루살렘
178. ① 요단 앞 그릿 시냇가
　　 ② 까마귀들
179. 죽은 아들을 살림.
180. 바알 선지자들
181. 브엘세바 광야 로뎀나무
182. 엘리사
183. 나아만
184. 나뭇가지를 베어 물에 던져 쇠도끼가 떠오르게 함.
185. ① 선 ② 왕 ③ 선 ④ 왕
　　 ⑤ 왕 ⑥ 제 ⑦ 왕 ⑧ 선
　　 ⑨ 제
186. 7세
187. 기도, 3일 만에 성전에 올라가고 15년을 더 살 것임.
188. ① 호세아, 앗수르
　　 ② 시드기야, 바벨론
189. 아히야
190. 오벧에돔
191. 나단
192. 288명
193. 전쟁을 많이 한 사람으로서 피를 많이 흘렸다.
194. 제사장만이 하는 분향하는 일을 본인이 하려 함.
195. ① 느부갓네살 ② 고레스
196. 예레미야
197. 고레스
198. 에스라
199. 여호와를 경외하고 우상도 숭배
200. 느헤미야
201. 학개, 스가랴
202. 하만이 유다인을 진멸하기를 꾀하고 부르 곧 제비를 뽑아 죽이려 했으나 에스더가 왕에게 도움을 청함으로 하만이 나무에 달려 죽음.
203. 하만
204. 에스더
205. 엘리바스, 빌닷, 소발
206. ① 아들 일곱과 딸 셋
　　 ② 양 칠천 마리
　　 ③ 낙타 삼천 마리
　　 ④ 소 오백 겨리
　　 ⑤ 암나귀 오백 마리
207. 그와 같이 온전하고 정직하여 하나님을 경외하며 악에서 떠난 자는 세상에 없느니라.
208. ①-㉠ ②-㉢ ③-㉡
　　 ④-㉣
209. 바다의 모래
210. 나아마 사람 소발
211. ① 시편 117편 ② 시편 119편
212. 5권
213. 솔로몬, 다윗, 모세, 아삽, 고라 자손, 헤만, 에단

214. 하나님이 없다 하며 부패하고 행실이 가증, 선을 행하지 않는다.
215. 수고와 슬픔
216. 여호와를 경외함.
217. 지나가는 그림자
218. 여호와, 사람
219. ① 헛된 것과 거짓말을 멀리하게 하소서.
    ② 가난하게도 부하게도 마옵시고 필요한 양식으로 먹이시옵소서.
220. ① 눈 ② 혀 ③ 손 ④ 마음 ⑤ 발 ⑥ 증인 ⑦ 이간
221. 모든 것
222. 흙(육체)-땅, 영-하나님
223. 하나님을 경외하고 그의 명령을 지키는 것
224. ① 나무 ② 은 ③ 금 ④ 자색 깔개
225. 하나님의 심판과 구원
226. 마헬살랄하스바스
227. 숯
228. 메시야(그리스도)
229. 유다 왕 웃시야와 요담과 아하스와 히스기야 시대
230. 내가 여기 있나이다 나를 보내소서.
231. 7장 14절
232. 기묘자, 모사, 전능하신 하나님, 영존하시는 아버지, 평강의 왕
233. 3년
234. 해시계에 나아갔던 해의 그림자가 10도 물러감.
235. ① 살구나무 가지 ② 끓는 가마
236. 바룩
237. 재앙이 북방에서 일어나 이 땅의 모든 주민에게 부어지리라.
238. 여호야김
239. 눈을 잃고 사슬에 결박되어 바벨론으로 옮겨 감.
240. 나는 아이라 말할 줄을 알지 못하나이다.
241. 예루살렘성 함락
242. ① 그발 강 가에 사로 잡혀 있는 자
    ② 부시의 아들 ③ 제사장
243. 앞 : 사람 얼굴
    오른쪽 : 사자 얼굴
    왼쪽 : 소 얼굴
    뒤 : 독수리 얼굴
244. 이스라엘 회복
245. 이스라엘 족속의 처녀, 제사장의 과부
246. 블랴댜
247. ① 사마리아 ② 예루살렘
248. 바벨론
249. ① 유다와 그 짝 이스라엘 자손 ② 에브라임의 막대기 곧 요셉과 그 짝 이스라엘 온 족속이라.
250. 여호와삼마

251. 머리–순금, 가슴·두 팔–은, 배·넓적다리–놋, 종아리–쇠, 발–쇠, 진흙
252. ① 하나님이 이미 왕의 나라의 시대를 세어서 그것을 끝나게 하셨다.
　② 왕을 저울에 달아보니 부족함이 보였다.
　③ 왕의 나라가 나뉘어서 메대와 바사 사람에게 준 바 되었다.
253. ① 조서에 왕의 도장이 찍힌 것을 보고도 예루살렘을 향해 세 번씩 감사기도
　② 사자굴에 던져졌으나 천사가 보호해 줌.
254. 벨드사살
255. 사드락, 메삭, 아벳느고
256. 다리오 왕
257. 1,335일
258. 책에 기록된 모든 자
259. 하나님의 끝없는 사랑
260. 부부
261. ① 고멜 ② 로루하마
　③ 로암미
262. 브에리
263. ①–ⓒ ②–㉠ ③–ⓒ
264. 내 영을 만민에게 부어 주리라.
265. 목자
266. ① 여호와를 찾으라.
　② 선을 구하라.
　③ 악을 미워하고 선을 사랑하며 정의를 세우라.
　④ 정의와 공의를 행하라.
267. ① 메뚜기 재앙(암 7장)
　② 불(암 7장)
　③ 다림줄(암 7장)
　④ 여름 과일 한 광주리(암 8장)
　⑤ 범죄한 나라를 멸하리라 (암 9장).
268. 에돔
269. 니느웨에 회개를 선포하라는 하나님의 말씀에 불순종하여 다시스로 도망가려고 했기 때문
270. 아밋대
271. 회개
272. 니느웨가 회개함으로 하나님이 재앙을 내리지 않으셨기 때문에
273. 정의, 인자, 행하는
274. 미가
275. 니느웨
276. 멸망
277. 믿음
278. 우상숭배
279. 유다 왕 요시야 시대
280. 스룹바벨, 여호수아
281. 넷째 달, 다섯째 달, 일곱째 달, 열째 달
282. 여호와의 영
283. 예루살렘의 너비와 길이를 보고자 함.
284. 온 땅 위에 내리는 저주

285. ① 예루살렘에 입성하는 메시야
　　② 은 30을 위한 배신
286. 오실 그리스도
287. 말라기 3 : 10
288. 여호와의 이름을 경외하는 자
289. 선지자 엘리야
290. 교만한 자와 악을 행하는 자
291. ① 천지창조　② 인간창조
　　③ 이삭번제　④ 십계명
　　⑤ 길갈에서 할례
　　⑥ 다윗과 골리앗
　　⑦ 엘리야와 바알선지자들의 대결
　　⑧ 부림절　⑨ 욥의 재난
　　⑩ 이사야의 소명
　　⑪ 호세아와 음녀가 된 여인
　　⑫ 십일조
292. ① 홍해사건
　　② 여리고 함락
　　③ 450명의 바알 선지자들과 엘리야의 대결에서 엘리야 승리
　　④ 여호수아의 말대로 승리할 때까지 태양이 중천에 머뭄.
　　⑤ 엘리사가 수넴여인의 죽은 아들 살려 줌.
293. 자기 소견에 옳은 대로 행함.
294. 잠언
295. 이사야, 예레미야, 에스겔, 다니엘
296. ① 모세 소명
　　② 이스라엘 백성 시내산 도착
　　③ 율법 낭독
297. ① × 아브라함　② ○
　　③ × 애굽총리　④ ○
　　⑤ × 요단강
298. ① 다니엘
　　② 창세기
　　③ 예레미야
　　④ 룻기
　　⑤ 호세아
299. 사마리아, 예루살렘
300. 의인, 믿음

2. 성경 문제 해답 | 구약성경 문제 객관식

1. ③
2. ①(수 11장 참조)
3. ①(창 2장)
4. ②
5. ②
6. ②
7. ④(창 5 : 25-27)
8. ②
9. ③(창 4 : 21)
10. ④(창 7 : 13)
11. ①(창 7 : 24)
12. ②(창 9장)
13. ④(창 9 : 16)
14. ②(창 7 : 12)
15. ③(창 11장)
16. ④(창 12장)
17. ④
18. ②(창 17 : 24)
19. ②(창 18장)
20. ①(창 25 : 7)
21. ③(창 21 : 4)
22. ③(창 15 : 6)
23. ④(창 21 : 31-33)
24. ②
25. ④(창 26장)
26. ④(창 23, 25장)
27. ①(창 36 : 19)
28. ③
29. ②(창 32장)
30. ③(창 31 : 43-48)
31. ③(창 33 : 14)
32. ③(창 47 : 28)
33. ②(창 3장)
34. ④
35. ①(창 37 : 28)
36. ②(창 41 : 46)
37. ①(창 47 : 30)
38. ④(창 46 : 27)
39. ③(출 1 : 11)
40. ③
41. ③(출 12장)
42. ③(출 3 : 14)
43. ③(출 4 : 26)
44. ④(민 12장)
45. ①(출 7-8장)
46. ①(출 8 : 22)
47. ③(출 12장)
48. ④(출 12 : 37)
49. ①(레 25 : 35-38)
50. ③(레 13장)
51. ①(출 14 : 19)
52. ①(출 15 : 22-26)
53. ④(출 15장)
54. ①(출 15 : 25)
55. ①(출 24 : 13)
56. ④(출 25 : 2)
57. ④(출 31 : 1-6)
58. ④(출 33 : 7)
59. ④(출 33 : 18)
60. ①(출 28 : 36)
61. ①(민 1, 26장)
62. ④(출 28 : 1)
63. ③(레 10 : 1)
64. ①(민 2 : 1-9)
65. ②
66. ④(민 10 : 30-31)

67. ②(민 11 : 3)
68. ③(수 1 : 1-9)
69. ②(수 13 : 8)
70. ④
71. ④
72. ③(수 7 : 11)
73. ④(민 15 : 32-36)
74. ④(민 19 : 9)
75. ③(민 19 : 11)
76. ④(민 19 : 13)
77. ③(민 20 : 22-29)
78. ④(민 22장)
79. ①(민 25 : 1-9)
80. ③(민 25 : 10-15)
81. ④(신 3 : 27)
82. ①(신 16 : 20)
83. ①(수 5장)
84. ③(민 35 : 6)
85. ③(삿 6 : 32)
86. ④(삿 15 : 19)
87. ②(삿 17장)
88. ①(삼상 4 : 12-18)
89. ③(삼상 12 : 23)
90. ①
91. ④(대상 21 : 9-15)
92. ②(삼하 12 : 24)
93. ②(왕상 10 : 11-12)
94. ④(왕상 3 : 9)
95. ③(왕상 12 : 28)
96. ②(대하 16 : 12)
97. ④(왕상 22장)

98. ④(대하 19 : 4)
99. ②(대하 24 : 20-21)
100. ③(왕상 19 : 18)
101. ①(왕하 18, 23장)
102. ④(왕하 15 : 1-7, 대하 26 : 1-23)
103. ④(왕하 25 : 27)
104. ①(스 3 : 8)
105. ①(스 6장)
106. ③(느 1장)
107. ③(느 6 : 10-12)
108. ③
109. ②
110. ②(스 9장)
111. ③(에 7장)
112. ①
113. ③
114. ②
115. ①
116. ④(시 15편)
117. ①(시 90 : 10)
118. ②(시 144 : 4)
119. ④(잠 5 : 3-4)
120. ③(잠 6 : 6)
121. ②(잠 6 : 10)
122. ①(잠 14 : 15)
123. ②(잠 17 : 1)
124. ①(잠 21 : 3)
125. ②(잠 31 : 10)
126. ④
127. ②

128. ③
129. ②(사 21, 30, 28장)
130. ①
131. ②
132. ③(사 53장)
133. ④
134. ②
135. ③
136. ①(렘 1 : 6)
137. ①
138. ④
139. ②
140. ③(렘 43장)
141. ④(겔 1 : 10)
142. ②(겔 2 : 8-9)
143. ②(겔 4장)
144. ④(겔 5장)
145. ①(겔 5 : 12)
146. ③(겔 13장)
147. ①(겔 21 : 5-9)
148. ①(겔 43 : 25)
149. ①(단 1 : 1)
150. ②(단 2 : 28)
151. ④(단 3 : 24-25)
152. ②(단 4 : 28-33)
153. ④(단 7장)
154. ①(단 8 : 20-21)
155. ③(단 8 : 16)
156. ②(단 8 : 2)
157. ①(단 8 : 21)
158. ④(단 9 : 25)

159. ③(단 12 : 2)
160. ③(단 10장)
161. ①-ㄷ ②-ㄴ
    ③-ㄱ(호 1장)
162. ③(욜 2장)
163. ①(욜 3 : 14-21)
164. ②
165. ④(암 8 : 11)
166. ②
167. ④(욘 4 : 11)
168. ②
169. ③
170. ①
171. ④(습 1 : 14-16)
172. ④
173. ②(슥 3-4장)
174. ①
175. ④
176. ①-ㄷ ②-ㅂ
    ③-ㅁ ④-ㄴ
    ⑤-ㅊ ⑥-ㅇ
    ⑦-ㄹ ⑧-ㅈ
    ⑨-ㄱ ⑩-ㅅ
177. ④(욜 3 : 2)
178. ①(호 9 : 10)
179. ③(옵 1 : 1)
180. ①(미 6 : 5)
181. ③(암 1 : 1)
182. ②(암 7 : 12-13)
183. ④(옵 1 : 18)
184. ②(미 1 : 1)
185. ②(합 1 : 14-15)
186. ④(습 1 : 1)
187. ①(학 1 : 1)
188. ③(슥 14 : 5)
189. ②(욘 1 : 17)
190. ④
191. ③(욘 4장)
192. ①(미 6 : 9)
193. ③(나 1 : 1)
194. ③(습 1 : 1)
195. ④(학 1 : 1)
196. ②(학1 : 1, 슥1 : 1)
197. ④(말 1 : 2-3)
198. ③(미1 : 1, 3 : 12)
199. ①-ㄴ(사 7 : 14,
    마 1 : 23)
    ②-ㄷ(사 7장)
    ③-ㄱ(사 8장)
200. ②(말 4 : 5)

3_ 성경 문제 해답 | 신약성경 문제 주관식

1. 복음서, 역사서(행전), 서신서, 예언서

   + 복음서 문제(2-70번) +

2. 마태복음, 마가복음, 누가복음
3. (마 1 : 1-17) 다말, 라합, 룻, 우리야의 아내, 마리아
4. (마 1 : 23) 하나님이 우리와 함께 계시다.
5. (마 3 : 11) 물, 성령과 불
6. (마 4 : 1-11, 눅 4 : 1-13 비교구분하세요.)
   ① 네가 만일 하나님의 아들이 어든 명하여 이 돌들로 떡덩이가 되게 하라.
   ② 네가 만일 하나님의 아들이 어든 뛰어내리라.
   ③ 만일 내게 엎드려 경배하면 이 모든 것을 네게 주리라.
7. (마 4 : 1-11, 눅 4 : 1-13 비교구분하세요.)
   ① 사람이 떡으로만 살 것이 아니요 하나님의 입으로부터 나오는 모든 말씀으로 살 것이라.
   ② 주 너의 하나님을 시험하지 말라.
   ③ 사탄아 물러가라 주 너의 하나님께 경배하고 다만 그를 섬기라.
8. (마 5 : 1-12)
   ① 심령이 가난한 자, 천국이 그들의 것임이요
   ② 애통하는 자, 그들이 위로를 받을 것임이요
   ③ 온유한 자, 그들이 땅을 기업으로 받을 것임이요
   ④ 의에 주리고 목마른 자, 그들이 배부를 것임이요
   ⑤ 긍휼히 여기는 자, 그들이 긍휼히 여김을 받을 것임이요
   ⑥ 마음이 청결한 자, 그들이 하나님을 볼 것임이요

⑦ 화평하게 하는 자, 그들이 하나님의 아들이라 일컬음을 받을 것임이요
⑧ 의를 위하여 박해를 받은 자, 천국이 그들의 것임이라

9. (마 5 : 17) 율법이나 선지자
10. 마태복음 6 : 9~13
11. (마 6 : 20) 하늘
12. 7장 12절,
"무엇이든지 남에게 대접을 받고자 하는 대로 너희도 남을 대접하라 이것이 율법이요 선지자니라"
13. (마 8 : 5 -13) 백부장
14. (마 9 : 9) 세리
15. (마 9 : 20) 혈루증, 열두 해
16. (마 10 : 2 - 4) 베드로라 하는 시몬, 안드레, 세베대의 아들 야고보와 그의 형제 요한, 빌립, 바돌로매, 도마, 세리 마태, 알패오의 아들 야고보와 다대오, 가나안인 시몬, 가룟 유다
17. (마 11 : 18, 눅 7 : 33) 귀신이 들렸다.
18. (마 12 : 32) 말로 성령을 거역하는 것
19. (마 13장) ① 네 가지 땅에 떨어진 씨 비유
② 겨자씨 비유
③ 누룩 비유
④ 가라지 비유
⑤ 밭에 감추인 보화 비유
⑥ 값진 진주 비유
⑦ 그물 비유
20. (마 13 : 55, 막 6 : 3) 야고보, 요셉, 시몬, 유다
21. (마 15 : 19) 악한 생각, 살인, 간음, 음란, 도둑질, 거짓 증언, 비방
22. (마 16 : 12, 눅 12 : 1) 교훈, 외식
23. (마 16 : 16) "주는 그리스도시요 살아 계신 하나님의 아들이시니이다"
(막 8 : 29) "주는 그리스도시니이다"
24. (마 17 : 1 - 3, 막 9 : 2 - 4, 눅 9 : 28 - 30) 모세, 엘리야
25. (마 17 : 24) 반 세겔
26. (마 18 : 4) 어린아이와 같이 자기를 낮추는 사람
27. (마 18 : 22) 일곱 번뿐 아니라 일곱 번을 일흔 번까지라도 할지니라.
28. (마 19 : 8) 너희 마음의 완악함 때문에
29. (마 22 : 35 - 40) "네 마음을 다하고 목숨을 다하고 뜻을 다하여 주 너의 하나님을 사랑하라 하셨으니 이것이 크고 첫째 되는 계명이요 둘째도

그와 같으니 네 이웃을 네 자신같이 사랑하라 하셨으니 이 두 계명이 온 율법과 선지자의 강령이니라"

30. (마 24 : 13, 막 13 : 13) 끝까지 견디는 자
31. (마 26 : 6) 베다니 나병(한센병) 환자 시몬의 집
32. (마 26 : 14-15) 은 삼십
33. (마 27 : 26) 바라바
34. (마 27 : 33, 막 15 : 22) 해골의 곳
35. ① (눅 23 : 34) "아버지 저들을 사하여 주옵소서 자기들이 하는 것을 알지 못함이니이다"
    ② (눅 23 : 43) "내가 진실로 네게 이르노니 오늘 네가 나와 함께 낙원에 있으리라"
    ③ (요 19 : 26) "여자여 보소서 아들이니이다"
    ④ (마 27 : 46, 막 15 : 34) "엘리 엘리 라마 사박다니 (나의 하나님, 나의 하나님 어찌하여 나를 버리셨나이까)"
    ⑤ (요 19 : 28) "내가 목마르다"
    ⑥ (요 19 : 30) "다 이루었다"
    ⑦ (눅 23 : 46) "아버지 내 영혼을 아버지 손에 부탁하나이다"
36. (요 1 : 41) 메시야는 번역하면 그리스도라 ①-ㄴ
    (마 2 : 23) 나사렛이란 동네에 가서 사니 ②-ㄷ
    (마 2 : 6) 네게서 한 다스리는 자가 나와서 내 백성 이스라엘의 목자가 되리라 ③-ㄱ
37. (막 7 : 21-22) 악한 생각 곧 음란, 도둑질, 살인, 간음, 탐욕, 악독, 속임, 음탕, 질투, 비방, 교만, 우매함
38. (막 10 : 46) 바디매오
39. (막 12 : 29-31) 네 마음을 다하고 목숨을 다하고 뜻을 다하고 힘을 다하여 주 너의 하나님을 사랑하라 하신 것과 네 이웃을 네 자신과 같이 사랑하라 하신 것
40. (막 15 : 16-20) 브라이도리온이라는 뜰
41. (막 16 : 9) 막달라 마리아
42. (눅 1 : 40) 사가랴, 엘리사벳
43. (눅 2 : 1) 가이사 아구스도
44. (눅 2 : 2) 구레뇨
45. (눅 8 : 3) 구사
46. (눅 13 : 4) 18명
47. (눅 23 : 4, 22, 요 18 : 29) 빌라도
48. (눅 23 : 26) 구레네 사람 시몬
49. (눅 23 : 43) "내가 진실로 네

게 이르노니 오늘 네가 나와 함께 낙원에 있으리라"
50. (요 1 : 47) 나다나엘
51. (요 3 : 1-3) 니고데모
52. (요 4 : 5-12) 야곱
53. (요 8 : 7) 너희 중에 죄 없는 자가 먼저 돌로 치라.
54. (요 9 : 7) 보냄을 받았다.
55. 3번. (마 9 : 18-25, 막 5 : 41-42, 눅 8 : 54-55) 회당장 야이로의 딸
(눅 7 : 11-15) 나인성 과부의 아들
(요 11 : 43-44) 나사로
56. (요 13 : 34) "서로 사랑하라 내가 너희를 사랑한 것같이 너희도 서로 사랑하라"
57. (요 11 : 35) 나사로
(눅 19 : 41) 예루살렘성
58. (요 18 : 10) 말고
59. (요 19 : 38-42) 아리마대 사람 요셉과 니고데모
60. (요 20 : 31) 예수께서 하나님의 아들 그리스도이심을 믿게 하고, 또 너희로 믿고 그 이름을 힘입어 생명을 얻게 하려고
61. (요 21 : 1-17) 네가 나를 사랑하느냐
62. ① (요 6 : 48) 생명의 떡
② (요 8 : 12) 세상의 빛
③ (요 10 : 7) 양의 문
④ (요 10 : 11) 선한 목자
⑤ (요 11 : 25) 부활, 생명
⑥ (요 14 : 6) 길, 진리, 생명
⑦ (요 15 : 1) 참포도나무
63. (마 14 : 13-21, 막 6 : 30-44, 눅 9 : 10-17, 요 6 : 1-14) 오병이어
64. ① × (막 6 : 4)
② × (막 13 : 55)
③ ○ (막 13 : 57)
④ × (막 6 : 7)
⑤ × (막 6 : 8)
⑥ × (막 6 : 11)
⑦ × (막 6 : 17)
⑧ ○ (막 6 : 20)
⑨ × (막 6 : 22-25)
65. (마 24 : 15-16) 거룩한 곳
66. (눅 1 : 36) 여섯, 친족
67. (눅 1 : 59, 눅 2 : 41-42) 할례, 유월절
68. (눅 2 : 25-38) 시므온, 아셀 지파 바누엘의 딸 안나
69. (눅 6 : 40) 온전
70. (요 16 : 13) 진리, 진리

+ **사도행전 문제(71-102번)** +

71. (눅 1 : 1-4, 행 1 : 1-2) 누가, 데오빌로
72. (행 1 : 4) "예루살렘을 떠나지 말고 내게서 들은 바 아버지께

서 약속하신 것을 기다리라"
73. (행 2 : 2-3) 급하고 강한 바람 같은 소리, 불의 혀처럼 갈라지는 것들
74. (행 3 : 1-10) 구 시, 성전 미문
75. (행 5 : 1-11) 아나니아, 삽비라
76. (행 6 : 3) 성령과 지혜가 충만하여 칭찬 받는 사람
77. (행 6 : 4) 기도하는 일, 말씀 사역
78. (행 6 : 5) 스데반, 빌립, 브로고로, 니가노르, 디몬, 바메나, 니골라
79. 사도행전 7장
80. (행 8 : 26-40) 에디오피아 여왕 간다게의 모든 국고를 맡은 관리인 내시
81. (행 9 : 32-35) 애니아, 중풍병
82. (행 9 : 36-43) 다비다
83. (행 11 : 22-24) 바나바
84. (행 11 : 26) 안디옥
85. (행 13 : 1-3) 바나바, 사울
86. 예루살렘 회의(또는 예루살렘 공의회)
87. (행 15 : 37) 마가라 하는 요한
88. (행 16 : 9) 마게도냐 사람
89. (행 17 : 16-18) 에피쿠로스 철학자, 스토아 철학자
90. (행 18 : 2-3) 아굴라, 브리스길라
91. (행 18 : 18) 겐그레아
92. (행 19 : 11-16) 제사장 스게와의 일곱 아들
93. (행 20 : 9-12) 유두고
94. (행 20 : 17) 밀레도
95. (행 21 : 7-9) 4명
96. (행 21 : 17-18) 야고보
97. (행 23 : 16) 바울의 생질
98. (행 27 : 2, 37) 아드라뭇데노, 276명
99. (행 28 : 1-5) 멜리데 섬
100. ① (눅 1 : 5) 사가랴
② (마 1 : 16) 요셉
③ (행 5 : 1) 아나니아
④ (행 18 : 2) 아굴라
⑤ (마 1 : 3) 유다
⑥ (마 14 : 3) 빌립(나중에 헤롯)
101. ① (막 7 : 11) 하나님께 드림이 되었다.
② (막 7 : 34) 열리라.
③ (행 1 : 19) 피밭
④ (마 1 : 21) 자기 백성을 그들의 죄에서 구원할 자
⑤ (막 5 : 41) 소녀야 일어나라.
⑥ (마 1 : 23) 하나님이 우리와 함께 계시다.
102. (행 8 : 32) 양, 어린양

+ 서신서 및 계시록 문제
(103-200번) +

103. (롬 3 : 1-2) 그들이 하나님의 말씀을 맡았음이니라.

104. (롬 5 : 12 - 21) 아담, 예수 그리스도
105. (롬 6 : 23) 사망, 그리스도 예수 우리 주 안에 있는 영생
106. (롬 8 : 9) 그리스도의 영
107. (롬 13 : 1) 하나님
108. (롬 16 : 1) 뵈뵈
109. (고전 1 : 11 - 12) 바울, 아볼로, 게바, 그리스도
110. (고전 1 : 18) 미련한 것, 하나님의 능력
111. (고전 1 : 25) 하나님의 어리석음, 하나님의 약하심
112. (고전 3 : 6) 바울, 아볼로, 하나님
113. 고린도전서 4 : 2
114. (고전 4 : 15 - 16) 너희는 나를 본받는 자가 되라.
115. (고전 6 : 18) 음행
116. (고전 11 : 11 - 12) 하나님
117. 고린도전서 11 : 23~29
118. (고전 11 : 29) 자기의 죄를 먹고 마시는 것
119. 고린도전서 13장
120. (고후 5 : 17 - 18) 화목하게 하는 직분
121. (고후 11 : 2) 남편인 그리스도
122. (갈 1 : 8) 우리, 하늘로부터 온 천사
123. (고후 2 : 13, 8 : 23, 딛 1 : 4, 갈 2 : 3) 디도
124. (갈 2 : 8) 할례자, 이방인
125. (갈 3 : 3) 성령, 육체
126. (갈 5 : 22 - 23) 사랑, 희락, 화평, 오래 참음, 자비, 양선, 충성, 온유, 절제
127. (갈 6 : 14) 우리 주 예수 그리스도의 십자가
128. (엡 1 : 4 - 5) 창세 전에
129. (엡 2 : 8 - 9) 구원
130. (엡 2 : 8) 구원
131. (엡 4 : 11 - 12) 성도를 온전하게 하여 봉사의 일을 하게 하며 그리스도의 몸을 세우려고.
132. (엡 6 : 1 - 3) 네 아버지와 어머니를 공경하라.
133. (엡 6 : 17) 성령의 검
134. (빌 2 : 25) 에바브로디도
135. (빌 3 : 20) 하늘
136. (빌 4 : 15 - 16) 빌립보 교회
137. (살전 2 : 17 - 18) 사탄
138. (살전 4 : 16) 그리스도 안에서 죽은 자들
139. (살후 1 : 7 - 8) 하나님을 모르는 자들, 우리 주 예수의 복음에 복종하지 않는 자들
140. 디모데전서 3 : 1~13
141. (딤전 4 : 12) 말, 행실, 사랑, 믿음, 정절
142. (딤전 5 : 19) 장로
143. (딤전 6 : 10) 돈을 사랑함.

144. (딤후 1 : 5) 외조모 로이스, 어머니 유니게
145. (딤후 3 : 17) 온전하게 하며, 모든 선한 일을 행할 능력을 갖추게 한다.
146. (몬 1 : 10-11) 오네시모
147. (히 3 : 5-6) 종, 아들
148. 히브리서 6 : 6
149. (히 7 : 1) 멜기세덱
150. (히 10 : 1) 율법
151. (히 10 : 19) 예수의 피를 힘입어
152. 히브리서 10 : 25
153. (히 11장) 아벨, 에녹, 노아, 아브라함, 사라, 이삭, 야곱, 요셉, 모세, 라합, 기드온, 바락, 삼손, 입다, 다윗, 사무엘
154. (약 1 : 19) 듣기, 말하기와 성내기
155. (약 2 : 26) 죽은 것
156. (약 4 : 4) 세상
157. (약 4 : 6) 물리치시고, 은혜를 주신다.
158. (약 4 : 7) 마귀가 우리를 피한다.
159. (약 5 : 15) 믿음의 기도
160. (벧전 5 : 1-4) 장로들
161. (벧전 5 : 8) 대적 마귀
162. (벧후 3 : 8) 하루
163. (요일 1 : 5) 어둠
164. (요일 1 : 9) 모든 불의
165. (요이 1 : 7) 예수 그리스도께서 육체로 오심을 부인하는 자
166. (요삼 1 : 9) 디오드레베
167. (유 1 : 9) 천사장 미가엘
168. (계 1 : 11) 에베소, 서머나, 버가모, 두아디라, 사데, 빌라델비아, 라오디게아
169. (계 5 : 8) 성도의 기도들
170. (계 10 : 9-10) 작은 두루마리
171. (계 13 : 1) 열, 일곱
172. (계 13 : 16-18) 666
173. (계 14 : 1) 144,000명
174. (계 16 : 21) 한 달란트
175. (계 19 : 7-8) 성도들의 옳은 행실
176. 21장
177. (계 22 : 21) "주 예수의 은혜가 모든 자들에게 있을지어다 아멘"
178. 260장, 7,959절
179. (행 8 : 18-20) ①-ⓒ
  (눅 1 : 3, 행 1 : 1) ②-ⓞ
  (막 10 : 46) ③-ⓜ
  (행 1 : 26) ④-ⓛ
  (마 27 : 32) ⑤-ⓩ
  (몬 1 : 1-22) ⑥-ⓧ
  (행 16 : 14) ⑦-ⓖ
  (마 27 : 16) ⑧-ⓢ
  (딤후 1 : 5) ⑨-ⓡ
  (행 20 : 9) ⑩-ⓑ

180. ① 산상수훈 ② 사랑장
     ③ 믿음장 ④ 새 하늘과 새 땅
181. (요 11 : 1) ①-ⓒ
     (요 4 : 5) ②-ⓜ
     (계 1 : 9) ③-ⓗ
     (행 17 : 11) ④-ⓘ
     (눅 24 : 13-18) ⑤-ⓢ
     (요 2 : 1) ⑥-ⓞ
     (요 19 : 17) ⑦-ⓓ
     (행 18 : 8) ⑧-ⓒ
     (마 26 : 36) ⑨-ⓡ
     (행 22 : 3) ⑩-ⓙ
182. (롬 8 : 26) 기도할 바를, 탄식으로
183. (롬 12 : 5) 사람, 몸
184. (롬 12 : 9) 거짓이, 선에
185. (롬 13 : 8) 사랑, 사랑
186. (롬 14 : 23) 믿음, 믿음
187. (엡 4 : 6) 만유, 만유, 만유, 만유
188. (빌 3 : 13-14) 푯대
189. (딤전 2 : 4) 진리
190. (히 11 : 1) 실상, 증거
191. (히 12 : 5) 징계, 낙심
192. (히 5 : 14) 선악
193. (약 5 : 16) 의인
194. (벧후 1 : 5-7) 믿음, 형제 우애, 형제 우애
195. (벧전 2 : 9) 족속, 제사장들, 나라, 백성
196. (요일 5 : 6) 진리
197. (요일 2 : 16) 안목의 정욕
198. (요일 3 : 18) 행함, 진실함
199. (요일 5 : 4) 믿음
200. (계 22 : 16) 새벽 별

4_ 성경 문제 해답 | 신약성경 문제 객관식

† 복음서 문제(1-42번) †

1. ②
2. ①
3. (마 3 : 13) ②
4. (마 5 : 32) ③
5. (마 8 : 8-10) ③
6. (마 9 : 9) ②
7. (마 9 : 9-10) ②
8. (마 11 : 18) ③
9. (마 12 : 20) ②
10. (마 14 : 29-32) ②
11. (마 15 : 18) ③
12. (마 17 : 1-3) ④
13. (마 20 : 2) ②
14. (마 26 : 63-65) ②
15. (막 3 : 17) ④
16. (막 7 : 11) ②
17. (막 10 : 39) ①
18. (막 13 : 32) ③
19. (눅 2 : 8-19) ②
20. (눅 3 : 23-38) ①
21. (눅 15장) ④, ⑥, ⑨
22. (눅 23 : 38) ④
23. (눅 23 : 40-42) ①
24. (요 2 : 1-11) ①
25. (요 2 : 19-22) ③
26. (요 2 : 20) ②
27. (요 1 : 12) ①-ⓒ
    (요 3 : 1-4) ②-ⓔ
    (요 1 : 46) ③-ⓐ
    (요 2 : 1) ④-ⓑ
28. (요 5 : 2-9) ①
29. (요 14 : 9-16) ③
30. (요 20 : 11-18) ④
31. ②
32. ①
33. (마 1 : 20, 2 : 13, 2 : 19) × 3번
34. (마 5 : 22) ○
35. (마 13 : 5-6) × 싹이 나오나 해가 돋은 후에 타서 뿌리가 없으므로 말랐다.
36. (마 17 : 27) × 한 세겔

37. (마 21 : 5, 슥 9 : 9) ○
38. ○
39. (마 26장) × 대제사장의 집 뜰에서 심문받으실 때
40. (마 26 : 40) ○
41. (막 10 : 4) × 모세는 이혼증서를 써 주어 허락
42. (눅 11 : 15) × 바알세불

+ 사도행전 문제(43 - 66번) +

43. (행 1 : 3) ①
44. (행 6 : 3) ④
45. (행 7 : 29) ①-ㄷ
　　(행 8 : 26) ②-ㄴ
　　(갈 4 : 25) ③-ㄱ
46. (행 8 : 18) ④
47. (행 9 : 10 - 11) ③
48. (행 9 : 36) ③
49. ②
50. (행 10 : 11 - 12) ④
51. (행 10 : 30 - 31) ②
52. (행 11 : 26) ③
53. (행 12 : 7 - 8) ③
54. (행 13 : 2 - 5) ④
55. (행 13 : 6 - 9) ③
56. (행 15 : 36 - 41) ③
57. (행 16 : 8 - 9) ③
58. (행 16 : 12 - 14) ①
59. (행 18 : 2 - 3) ④
60. (행 20 : 9) ③
61. (행 20 : 17, 31) ③
62. (행 24 : 26) ④
63. (행 26 : 24) ①
64. (행 27 : 14) ④
65. ① 사울은 히브리식 이름, 바울은 헬라식 이름
66. ①

+ 서신서 및 계시록 문제(67 - 120번) +

67. (롬 3 : 1 - 2) ④
68. (롬 9 : 13 - 18) ④
69. (롬 12 : 19) ①
70. (롬 16 : 5) ③
71. (롬 16 : 22) ③
72. (고전 4 : 20) ④
73. ①
74. (고전 9 : 16) ②
75. (고전 10 : 13) ③
76. (고전 14 : 1) ④
77. (고전 15 : 9) ②
78. (고후 1 : 23) ③
79. (고후 5 : 18) ③
80. (고후 7 : 10) ②
81. (갈 1 : 1) ②
82. (갈 6 : 1) ④
83. (갈 6 : 17) ③
84. (엡 2 : 14) ③
85. (엡 4 : 3 - 6) ①
86. (빌 4 : 4) ③
87. (빌 4 : 15 - 16) ③

88. (골 1 : 7-8) ④
89. (살전 2 : 13) ③
90. (살전 3 : 6) ①
91. (살전 4 : 17) ④
92. (살후 2 : 2) ③
93. (살후 2 : 3) ③
94. (딤전 1 : 13) ③
95. ②
96. (딤후 1 : 5) ③
97. (딛 1 : 4) ①
98. (딛 2 : 14) ②
99. (몬 1 : 10-16) ④
100. (몬 1 : 18) ②
101. (히 1 : 1-2) ③
102. (히 1 : 4-14) ③
103. (히 1 : 14) ②
104. (히 7 : 1-3) ④
105. (히 9 : 2) ③
106. (약 4 : 3) ①
107. (요일 4 : 3) ①
108. (요일 5 : 1) ①
109. ① (요삼 1 : 9) ㄴ
② (요삼 1 : 1-3) ㄱ
③ (요삼 1 : 12) ㄷ
110. (계 2 : 8-11 서머나 교회, 3 : 7-13 빌라델비아 교회) ④
111. (계 2 : 7) ①-ㅅ
(계 2 : 11) ②-ㅂ
(계 2 : 17) ③-ㅁ
(계 2 : 26, 28) ④-ㄹ
(계 3 : 5) ⑤-ㄷ
(계 3 : 12) ⑥-ㄴ
(계 3 : 21) ⑦-ㄱ
112. (계 2 : 10) ②
113. (계 6 : 1) ③
114. (계 7 : 1-5) ③
115. (계 9 : 1-4) ②
116. (계 12 : 1) ④
117. (계 14 : 8) ②
118. (계 20 : 14-15) ①
119. (계 21 : 2-4) ④
120. (계 22 : 8-10) ①

1_ 헌법 문제 해답 | 신조 문제

1. ②
2. 성부, 성자, 성령, 하나
3. 세례, 성찬
4. ① ○ ② ○ ③ ○ ④ ○
   ⑤ ○ ⑥ ○ ⑦ ○
5. 부활, 심판, 선악, 사
6. ②
7. ②
8. ②
9. ①
10. 무한하신 사랑으로 그의 영원하신 독생자 주 예수 그리스도를 세상에 보내셨다.
11. ③
12. ① ○ ② ○ ③ ○ ④ ×
13. 죄를 회개
14. ②
15. ①
16. ①
17. 스스로 계시고, 아니 계신 곳이 없으시다.
18. ②
19. ②
20. 금세와 내세에 하나님의 공평한 진노와 형벌을 받게 되었다.
21. ②
22. 세례 : ① ② ③ ⑤
    성찬 : ④ ⑥ ⑦ ⑧
23. ①
24. ④
25. ③
26. ⑥

2_ 헌법 문제 해답 | 요리문답 문제

1. 하나님을 영화롭게 하고 영원토록 그를 즐거워하는 것
2. 신구약성경
3. 믿어야, 요구
4. 영원불변
5. ③
6. 하나님의 예정
7. ④
8. ③
9. ③
10. 남자, 여자, 다스리게
11. 선악과를 먹지 말라.
12. ×
13. ○
14. ①-ⓒ ②-ⓛ ③-㉠
15. 금지된 열매를 먹은 일
16. 주 예수 그리스도
17. 참 육신과 영혼을 취하심으로써
18. 비천, 율법, 십자가, 죽음
19. ①
20. ②
21. ②
22. ④
23. 사흘, 살아나신, 오르신, 우편, 심판
24. 그의 성령이 효과적으로 우리에게 적용하심으로
25. 죄, 지식, 새롭게, 예수 그리스도, 힘
26. ③
27. ①
28. ①○ ②○ ③× ④× ⑤○
29. 영광, 심판, 축복
30. ①
31. ④
32. 우리의 온 마음과 온 영혼과 온 힘과 온 뜻을 다하여 주 우리 하나님을 사랑하고, 또 이웃을 우리 자신처럼 사랑하라는 것
33. 1계명 : 너는 나 외에는 다른 신들을 네게 두지 말라.
    2계명 : 너를 위하여 새긴 우상을 만들지 말고 또 위로 하늘에 있는 것이나 아래로 땅에 있는 것이나 땅 아래 물속

에 있는 것의 어떤 형상도 만들지 말며 그것들에게 절하지 말며 그것들을 섬기지 말라.
3계명 : 너는 네 하나님 여호와의 이름을 망령되게 부르지 말라.
4계명 : 안식일을 기억하여 거룩하게 지키라.
5계명 : 네 부모를 공경하라.
6계명 : 살인하지 말라.
7계명 : 간음하지 말라.
8계명 : 도둑질하지 말라.
9계명 : 네 이웃에 대하여 거짓 증거하지 말라.
10계명 : 네 이웃의 집을 탐내지 말라.

34. ①-ⓢ ②-ⓞ ③-ⓩ ④-ⓒ ⑤-ⓝ ⑥-ⓖ ⑦-ⓓ ⑧-ⓡ ⑨-ⓜ ⑩-ⓑ
35. ③
36. 우상을 통하거나 하나님의 말씀에 지정되어 있지 않은 어떤 다른 방법에 의하여 하나님께 예배드리는 일
37. 다른 날에 할 수 있는 모든 세상의 업무와 오락까지도 끊고, 그날을 종일 거룩하게 쉬며, 공적으로나 사적으로 하나님께 예배를 드리는 일로 그 모든 시간을 보내야 함.
38. 부활, 일곱째, 첫날
39. ①
40. 이 세상에서와 또 오는 세상에서 하나님의 진노와 저주를 받는 일
41. ②
42. ④
43. ②
44. 받아, 의지, 구원
45. 성례
46. ①
47. ③
48. 그리스도께 대한 자기의 믿음과 복종을 고백한 사람들, 교회의 회원과 같은 사람들의 아기들
49. 세례와 성찬
50. ②
51. ③ ⑥
52. 주님의 기도
53. 하늘에 계신 우리 아버지여 이름이 거룩히 여김을 받으시오며 나라가 임하시오며 뜻이 하늘에서 이루어진 것 같이 땅에서도 이루어지이다. 오늘 우리에게 일용할 양식을 주시옵고 우리가 우리에게 죄 지은 자를 사하여 준 것같이 우리 죄를 사하여 주시옵고 우리를 시험에 들게 하지 마시옵고, 다만 악에서 구하시옵소서. 나라와 권세와 영광이 아버지께 영원히 있사옵나이다. 아멘.

54. ①-㉠ ②-㉢ ③-㉣ ④-㉤
    ⑤-㉥ ⑥-㉦ ⑦-㉧ ⑧-㉡

3_ 헌법 문제 해답 | 정치 문제

1. ① ○ ② ○ ③ ○ ④ ○
   ⑤ × ⑥ ○ ⑦ ○
2. 보이는 교회와 보이지 않는 교회
3. 공동예배로 모이는 전도처 또는 기도처에 세례교인(입교인) 15인 이상이 있어 지교회를 설립코자 하면 노회에 청원하여 허락을 받아 설립한다.
4. ②
5. 원입교인, 유아세례교인, 아동세례교인, 세례교인(입교인)
6. ① 공동 ② 6 ③ 7, 12, 세례 ④ 13, 13
7. ① 공동예배 출석, 봉헌, 교회 치리에 복종
   ② 성찬 참례권, 공동의회 회원권(18세 이상)
8. 6개월
9. ①
10. 6, 1
11. 항존직, 임시직
12. ① 장로, 집사, 권사이며 시무 기간은 70세가 되는 해의 연말
    ② 전도사, 서리집사이며 시무 기간은 1년이다. 연임되는 경우 70세가 되는 해의 연말
13. ①
14. 말씀, 성례, 교인, 장로
15. ④
16. ③
17. ②
18. ③
19. ①
20. ④
21. ③
22. 집사
23. ①-ⓒ ②-ⓑ ③-ⓐ ④-ⓔ ⑤-ⓓ
24. ①
25. 3-2-1
26. ①
27. ②

28. 장로 : 피택된 자는 4개월 이상 당회의 지도 아래 교육을 받은 후 노회고시에 합격하여야 함.
    집사, 권사 : 피택된 자는 3개월 이상 당회의 지도 아래 교양을 받고 당회결의로 교회가 임직함.
29. ① × ② × ③ ○ ④ × ⑤ × ⑥ ×
30. 당회, 노회, 총회
31. 질서, 행정, 권징, 헌법
32. ③
33. ②
34. ①
35. ③
36. (헌법 제2편 〈정치〉 제13장 〈회의 및 기관, 단체〉 제92조 〈소속 기관 및 단체, 연합당회 및 연합제직회〉 5항) 노회규정에 의하여 연합당회 및 연합제직회를 조직할 수 있다.
37. 세례교인(입교인) 명부, 유아세례교인 명부, 책벌 및 해벌 교인 명부, 실종교인 명부, 이명교인 명부, 혼인 명부, 별세 명부, 비품 대장, 교회의 부동산 대장
38. ① 100 ② 2 ③ 400 ④ 401~700
⑤ 701~1,000
⑥ 1,001~2,000
⑦ 2,000
39. ①
40. ④
41. 시찰위원회
42. ②
43. ④
44. ① ② ③ ④ ⑤
45. 4, 동, 1,500
46. ③
47. ④
48. 목사와 장로
49. ③
50. ④
51. ① 당회장 ② 당회 서기
52. 한 주일 전
53. ③
54. ① ○ ② × ③ ○ ④ ○ ⑤ ○ ⑥ ×
55. ④
56. ④
57. ① 공동의회에서 결정한 예산 집행
② 재정에 관한 일반수지 예산 및 결산
③ 구제비의 수입, 지출 및 특별 헌금 취급
④ 당회가 요청한 사항
⑤ 부동산 매매
58. ③ ○ ④ ○

59. ③
60. 대한예수교장로회 총회
61. 노회
62. 소속 치리회
63. ① 재단법인 대한예수교장로회 총회 유지재단에 편입 보존함.
　　② 그 노회가 가입한 유지재단에 편입 보존함.
64. ① 당회 ② 제직회
65. 선교 동역자
66. 미국 장로교회, 호주 연합교회
67. ①
68. ②
69. 15, 목사

4_ 헌법 문제 해답 | 권징 문제

1. ④
2. 하나님의 영광과 권위를 위하여 범죄를 미연에 방지하고, 교회의 신성과 질서를 유지하고, 범죄자의 회개를 촉구하여 올바른 신앙생활을 하게 함이다.
3. 성경, 재판, 책벌
4. ① 교인 ② 직원 ③ 치리회

5_ 헌법 문제 해답 | 예배와 예식 문제

1. 교회
2. ②
3. 성경말씀, 예수 그리스도, 믿음
4. 응답, 행위
5. 하나님
6. ④
7. ④
8. ①-3 ②-4 ③-1 ④-5 ⑤-2 ⑥-6
9. 성례전
10. ②
11. ④
12. ①
13. 관계, 구속적
14. ③
15. 세례, 성찬
16. 주일예배, 찬양예배, 수요기도회, 새벽기도회, 교회학교 예배, 구역기도회, 가정기도회와 개인 기도생활, 특별집회

종합고시 문제집

개정4판 발행 2022년 4월 10일
개정4판 2쇄 2024년 4월 20일
엮은이   총무 김 명 옥
              대한예수교장로회총회교육자원부
주　소   03128 / 서울시 종로구 대학로3길 29, 7층(총회창립100주년기념관)
전　화   (02) 741-4356 / 팩스 (02) 741-3477
홈페이지   www.edupck.net

펴 낸 이   진 호 석
펴 낸 곳   한국장로교출판사
주　소   03128 / 서울시 종로구 대학로3길 29, 4층(총회창립100주년기념관)
전　화   (02) 741-4381 / 팩스 (02) 741-7886
영업국   (031) 944-4340 / 팩스 (031) 944-2623
홈페이지   www.pckbook.co.kr
등　록   No. 1-84(1951. 8. 3.)

ISBN 978-89-398-4354-7 / Printed in Korea
값 8,500원

기획편집	이은미	편집국장	정현선
교정·교열	오원택 이가현	표지디자인	남충우
업무국장	박호애		

※ 이 출판물은 저작권법에 의해 보호를 받는 저작물이므로 무단전재와 무단복제를 할 수 없습니다.